吉林省冷链物流调研报告

吉林省科学技术协会
中国制冷学会　组织编写
吉林省制冷学会

中国建筑工业出版社

图书在版编目（CIP）数据

吉林省冷链物流调研报告/吉林省科学技术协会，中国制冷学会，吉林省制冷学会组织编写. —北京：中国建筑工业出版社，2020.4
ISBN 978-7-112-24685-4

Ⅰ.①吉… Ⅱ.①吉… ②中… ③吉… Ⅲ.①冷冻食品-物流管理-研究报告-吉林 Ⅳ.①F252.8

中国版本图书馆 CIP 数据核字（2020）第 016630 号

责任编辑：张文胜
责任设计：李志立
责任校对：张惠雯

吉林省冷链物流调研报告

吉林省科学技术协会
中国制冷学会 组织编写
吉林省制冷学会

*

中国建筑工业出版社出版、发行（北京海淀三里河路 9 号）
各地新华书店、建筑书店经销
北京鸿文瀚海文化传媒有限公司制版
北京京华铭诚工贸有限公司印刷

*

开本：787×960 毫米 1/16 印张：7¾ 字数：152 千字
2020 年 3 月第一版 2020 年 3 月第一次印刷
定价：**50.00** 元
ISBN 978-7-112-24685-4
（35292）

指导委员会

总顾问： 周　远
主　任： 韩宇鸿
委　员： 孟庆国　孟庆宇　杨得志　俞耀根　张晓军
（按姓氏拼音排序）

编写委员会

主　任： 孟庆国
副主任： 刘长永　申　江　田长青　张晓军　王从飞　褚　毅
委　员：

刁晓明　董胜明　方艳红　高　晶　高　云　胡开永
黄志华　蒋宏博　金莲花　李　峰　李洪瑞　李文江
梁法刚　梁荣罡　梁永才　刘国政　刘海军　刘兴华
刘亚媛　马　进　孟运婵　乔德鹏　任传林　单既锶
邵卫国　司春强　宋学军　孙裕坤　王　斌　王洪峰
王　军　王立群　王　岩　王志强　肖　伦　徐　畅
徐　萌　徐　强　徐庆磊　杨富华　杨　杨　于德纯
余　刚　俞龙男　战斌飞　张　冲　张　川　张　力
张明秀　张　雯　张雯瓶　张雅杰　赵　迪　赵洪亮
赵建民　赵　娜　赵全华　赵振波　赵志刚　钟靖然
朱永宏　朱宗升
（按姓氏拼音排序）

序　言

近年来吉林省积极响应中央提出的振兴东北号召，推进全面深化改革和创新驱动发展，涌现出一些新兴产业和新的经济增长点，促进经济稳步增长，正在走出一条独特的创新发展道路。然而吉林省冷链产业发展从全国总体情况上仍处于较为落后状态，其先天资源优势和区域优势未得到充分发挥，也就意味着冷链产业存在巨大发展空间。冷链产业涉及多个环节，从生产加工一直到销售消费，具有延长易腐食品货架期、增加其附加值、提升食品品质、保障食品安全、避免不必要经济损失等重要作用，其产业本身与国计民生、能源利用、物流、科技创新与应用等方面息息相关。因此，为了进一步落实中共中央、国务院支持东北地区深化改革创新驱动高质量发展的一系列政策，在谋划“十四五”规划以及中长期规划中能够有效抓住冷链产业这个新的经济增长点，基于自身天然优势因地制宜推动冷链及其相关产业的转型升级和可持续发展，对于吉林省经济发展和社会进步必是不可忽视的重要推手。

本书在实地调研吉林省多地大、中、小型重点冷链企业生产和运营的基础上，结合政府部门相关统计数据，对于吉林省冷链产业发展现状进行了实事求是地描述和总结，指出存在的问题。在此基础上，定量分析了吉林省对冷链产业的需求，并根据国内外近年来冷链技术新进展，对未来发展可适用的相关冷链技术提出建议，最后提出有效促进冷链产业发展的具体建议。相信该书可对吉林省各级政府在制定未来冷链产业规划和发展政策起到参考借鉴作用，对于省内冷链企业发展定位、模式创新、产品创新具有指导意义，对从业人员和业外人士全面了解吉林省冷链行业提供有效帮助。

本书的参编作者汇集了国内众多冷链行业的顶尖专家学者，既有科研院所和高校的科研人员和学者，也有设计院所的资深工程设计专家，还包括国内著名冷链装备制造企业的技术专家。这些专家从事冷链领域技术工作多年，熟悉国内外冷链行业的发展现状和未来趋势，对于冷链技术及其应用具有深入独到的见解，相信这本汇集多位专家的辛苦编写和充分润色之作会带给广大读者期盼的收获。

期望本书的出版能够为吉林省各界了解冷链这一新兴产业提供帮助，期待吉林省冷链产业培育和发展尽快取得重大突破，也祝愿我国实现由冷链高速发展向冷链产业强国的历史性跨越！

是为序。

周远

2019 年 12 月 5 日

前 言

冷链物流行业，因顺应供给侧结构性改革潮流，近年来受到前所未有的高度关注，中央和地方政府因势利导地出台了多项政策，支持行业健康发展。其中，吉林省是我国粮食和肉类生产大省，在果蔬产品、水产品及特色农产品方面具有独特的资源优势，又因其重要的地理位置而具有天然的区位优势，对冷链产业有着广泛的需求。另外，我国政策、经济、市场环境持续向好，加上技术的不断成熟，都将助推冷链行业加速发展。

本书是在广泛收集吉林省冷链发展现状资料和大量实地调研的基础上完成的，预测了吉林省冷链的发展需求和增长趋势，着重分析了近年来吉林省冷链产业发展现状和存在的问题，并在此基础上提出了发展建议，以期促进吉林省冷链物流行业的高效健康发展。

本书第 1 章介绍了发展冷链的重要意义以及我国特别是吉林省的宏观环境和发展优势。第 2 章根据吉林省易腐食品产量和冷链总体现状调研数据，预测了冷链未来需求。第 3～6 章分别阐述了果蔬、畜禽肉类、水产品和特色农产品冷链现状和存在的问题。第 7 章重点介绍了对涉氨制冷项目安全调研情况。第 8 章综述了近年来出现的冷链新技术。第 9 章在总结吉林省冷链物流发展成就和存在问题基础上，提出了促进冷链发展的具体建议。

本书由吉林省科学技术协会、中国制冷学会和吉林省制冷学会共同组织完成编写，由中国制冷学会副理事长兼秘书长孟庆国教授级高工任主编。参加本书编写的主要作者有：田长青、王从飞、战斌飞、赵全华、任传林（第 1、2、8 章），杨富华、刘亚媛（第 3 章），刘长永、司春强、张川（第 4 章），王志强、张明秀（第 5 章），申江、刘兴华、胡开永（第 6 章），肖伦、黄志华（第 7 章），孟庆国、王军、司春强、褚毅（第 9 章）。由田长青和战斌飞负责统稿。

本书可为政府制定冷链物流发展规划提供依据，也可供冷链物流研究、设计、装备生产、投资、运营管理等从业人员参考。

本书得到了“中国科协创新驱动助力工程示范项目——吉林省冷链物流发展研究”专项资助，也要感谢吉林省科学技术协会张晓军二级巡视员和吉林省各级相关部门对于本次调研提供的大量帮助，在此对他们的辛勤工作表示衷心的感谢！

由于作者水平有限，加之收集材料不够广泛，难免有欠妥之处，真诚希望各位读者批评指正。

目　录

第1章　项目背景

随着我国经济的飞速发展以及人民生活水平的逐步提高，易腐食品（水果、蔬菜、肉类及肉制品、水产品、蛋类、乳制品等）的产量和需求量在逐年增长，消费者对于食品的品质和安全也更加重视。因此，如何建立完善的冷链物流体系，进而降低易腐食品的流通腐损率，保障易腐食品的品质及安全，已逐渐成为关系民生、影响农业及食品工业转型升级和可持续发展的热点问题。

1.1　发展冷链的重要意义

1.1.1　冷链概述

1. 冷链的定义

根据国家标准《冷链物流分类与基本要求》GB/T 28577—2012，冷链物流是指“以冷冻工艺为基础、制冷技术为手段，使冷链物品从生产、流通、销售到消费者的各个环节中始终处于规定的温度环境下，以保证冷链物品质量，减少冷链物品损耗的物流活动”。冷链的核心是以制冷技术为基础的温度环境保障以及不断链的全程冷链流通体系。

2. 冷链的组成

冷链环节包括冷藏冷冻类食品生产、加工、贮藏、运输、销售、分配流通等多个环节（图1-1），每个环节始终处于规定的低温环境下，以保证食品质量。

冷链物流的适用范围包括初级农产品（蔬菜、水果、肉、禽、蛋、水产品、花卉产品等）、加工食品（速冻食品、禽、肉、水产等包装熟食、冰淇淋、奶制品、巧克力、快餐原料等）以及特殊商品（如药品）。

作为物流工程的一个重要分支，它涉及交通运输工程、管理科学与工程、工业工程、计算机技术、机械工程、环境工程、食品科学与工程、制冷技术、建筑与土木工程等众多领域。由于与人们日常生活息息相关，目前已越来越受到关注。冷链物流是以保证易腐食品品质为目的，以保持低温环境为核心要求的供应链系统，所以比一般常温物流系统在技术、控制、成本和管理等方面要求更高、更复杂。

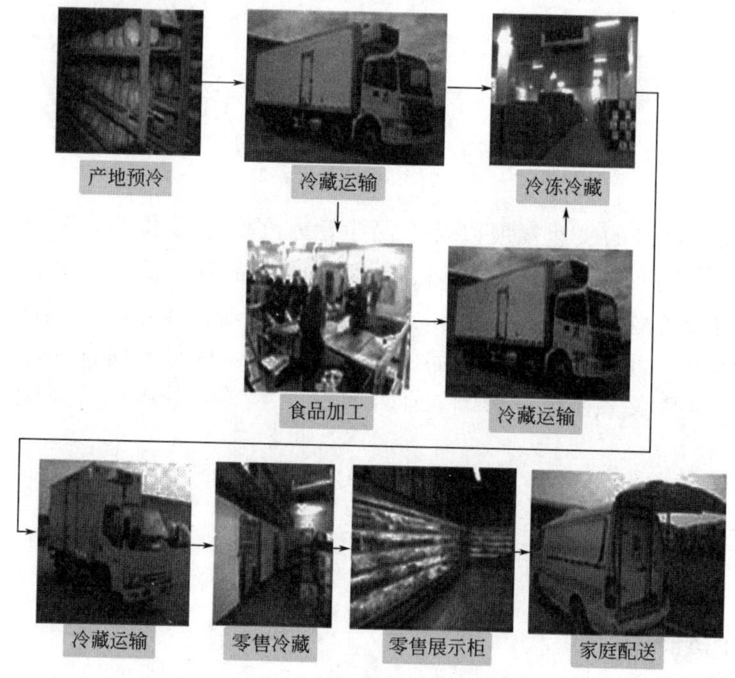

图 1-1　冷链物流的组成

1.1.2　冷链的作用与意义

1. 冷链是降低易腐食品流通腐损率的重要途径

根据国家统计局发布的 2012～2016 年数据，我国易腐食品的总产量巨大且在逐年递增（见表 1-1），易腐食品总量已超过 13 亿吨。并且我国的易腐食品产供销具有地域性、季节性和习惯性特征，这使得易腐食品产业在多样化、流通效率以及产品增值等方面的发展受到不同程度的限制。对此，冷链能够提供很好的解决方案，甚至改善传统的易腐食品产供销格局，在为消费者提供种类更加丰富的易腐食品的同时，提升产品价值，为企业增加收益。

2012～2016 年我国主要易腐食品总产量（万吨）　　表 1-1

年份	水果	蔬菜	肉类	水产品	蛋类	乳制品
2012	24056.84	70883.06	8387.24	5907.68	2861.17	3743.60
2013	25093.04	73511.99	8535.02	6461.50	2876.06	3531.42
2014	25093.04	76005.48	8706.74	6461.50	2893.89	3724.64
2015	27375.00	78526.10	8625.04	6699.65	2999.22	3754.67
2016	28351.09	79779.71	8537.76	6901.25	3094.86	3602.20

我国每年易腐食品的总调运量达 3 亿多吨，综合冷链流通率仅为 19%，长期

以来我国易腐食品在流通环节中损失严重。以果蔬、肉类和水产品为例，据统计，2015 年其流通腐损率分别达到 20%～30%、12%、15%。大量易腐食品在产销过程中的损耗和变质造成了社会资源的巨大浪费，直接经济损失达到 6800 亿元，约占 GDP 的 1%。要降低流通过程中的腐损率，就必须对易腐食品的生产、加工、储运和销售环节的温度进行控制。国外对此提出了"不高于原则（the never warmer than rule）"，即保证易腐食品在流通过程中始终处于规定的温度环境下。冷链已成为降低易腐食品流通损耗率的最重要途径。

2. 冷链对保障食品质量和食品安全具有重要意义

易腐食品在流通过程中出现所处的环境温度没有达到规定要求或者环境温度频繁波动的情况，都会在一定程度上影响易腐食品的品质，甚至导致食品的腐败变质，进而给民众带来食品安全隐患。

控制易腐食品安全的关键是控制微生物的生长速度，而控制微生物的关键就是控制温度，温度每升高 6℃，食品中细菌生长速度就会翻一倍，货架期缩短一半。冷链物流能够实现食品信息的全程可追溯以及食品流通过程中环境温度的精确控制，因此可以很好地保障食品品质及降低食品安全隐患。

1.2 我国冷链物流发展宏观环境

1. 政策措施

近年来，我国大力推动农产品冷链物流的发展。2010 年、2012 年和 2014 年的中央一号文件中都提出了加快发展冷链物流体系建设的要求，并先后出台了《物流业调整和振兴规划》（2009 年）、《农产品冷链物流发展规划》（2010 年）、《物流业发展中长期规划（2014－2020 年）》、《关于进一步促进冷链运输物流企业健康发展的指导意见》（2014 年）、《关于加快发展冷链物流保障食品安全促进消费升级的意见》（2017 年）等文件，对建设冷链物流体系进行顶层设计（见表 1-2）。地方各级政府也从政策和制度层面上为冷链物流产业提供了一系列发展条件，为我国冷链物流提供了良好的发展环境。

2. 规范与标准

为了有效促进冷链物流产业的信息化和安全化，我国已制定了详细的有关信息管理和应用的国家标准：《冷链物流信息管理要求》GB/T 36088-2018、《条形码技术在农产品冷链物流过程中的应用规范》GB/T 36088-2018。同时，在冷链物流的具体应用中制定了详细的国家标准和行业标准：《水产品冷链物流服务规范》GB/T 31080-2014、《食品冷链物流追溯管理要求》GB/T 28843-2012、《肉与肉制品冷链物流作业规范》WB/T 1059-2016、《餐饮冷链物流服务规范》WB/T 1054-2015 等，进一步规范和促进冷链物流的健康发展。

2010～2017年我国冷链物流政策汇总　　表1-2

分类	时间	文件名称	发布机构	主要内容
总体规划	2010年	农产品冷链物流发展规划	国家发展改革委	到2015年，建成一批运转高效、规模化、现代化的跨区域冷链物流配送中心，我国果蔬、肉类、水产品冷链流通率分别达到20%、30%、36%以上，冷藏运输率分别提高到30%、50%、65%左右，流通环节产品腐损率分别降至15%、8%、10%以下
	2014年	物流业发展中长期规划(2014-2020年)	国务院	重点工程：农产品物流工程，加强鲜活农产品冷链物流设施建设，支持南菜北运和大宗鲜活农产品产地预冷、初加工、冷藏保鲜、冷藏运输等设施设备建设
	2015年	物流标准化中长期发展规划(2015—2020年)	国家标准化管理委员会、国家发展和改革委员会等15部门	适应新形势下冷链物流发展的需要，建立全程冷链标准体系。开展城乡食品冷链配送服务、温度控制、服务质量及评价等标准的制修订，探索制定食品、鲜活农产品物流环节的安全类强制性标准，研究借鉴国际先进经验，完善我国食品、鲜活农产品冷链运输和运输设备的相关标准，加强冷链运输车辆车型及其安全、环保等方面的技术标准制修订，推动运输车辆标准化、专业化，探索制定肉类、水产品等农副食品和速冻食品物流环节的安全强制性标准。加强冷链物流标准的培训宣传和推广应用，鼓励企业建设全程温控和可追溯标准体系，引导和鼓励企业使用标准化的托盘、容器等集装单元化器具，在食品冷链领域，开展低温冷库安全运行标准、食品冷链温控追溯标准的推广。选择冷链物流等专业物流领域开展诚信标准化的试点示范
	2015年	全国农产品市场体系发展规划(2015—2020)	商务部等10部门	强化农产品产地集配中心、田头市场的仓储、物流、冷链设施建设。推进农产品批发市场转型升级，完善标准化交易专区、集配中心、冷藏冷冻、电子结算、检验检测等设施设备，安全监控等设施建设。加大农产品冷链物流基础设施建设力度，鼓励大型农产品批发市场、连锁超市、农产品流通企业推广现代冷链物流管理理念、标准和技术，建设具有集中采购和跨区域配送能力的农产品冷链物流集散中心，配备预冷、低温分拣加工、冷藏运输、冷库等冷链设施设备，建立覆盖农产品生产、加工、运输、储存、销售等环节全程冷链物流体系

续表

分类	时间	文件名称	发布机构	主要内容
扶持政策	2011年	国务院办公厅关于促进物流业健康发展政策措施的意见	国务院办公厅	降低物流成本,物流企业的营业税差额试点,减少物流企业的重复纳税
	2011年	国务院办公厅关于促进物流业健康发展政策措施的意见	国务院办公厅	加大农产品冷链物流基础设施建设投入,加快建立主要品种和重点地区的冷链物流体系,对开展鲜活农产品业务的冷库用电实行与工业同价
	2012年	国务院关于支持农业产业化龙头企业发展的意见	国务院	支持龙头企业改善农产品贮藏、加工、运输和配送等冷链设施与设备
	2013年	深化流通体制改革加快流通产业发展重点工作部门分工方案	国务院办公厅	大力发展第三方物流,促进企业内部物流社会化,大力推广并优化供应链管理,支持流通企业建设现代物流中心,积极发展统一配送等
	2013年	中共中央 国务院关于加快发展现代农业进一步增强农村发展活力的若干意见	中共中央、国务院	发展农产品冷冻贮藏、分级包装、电子结算。健全覆盖农产品收集、加工、运输、销售各环节的冷链物流体系。对示范建设鲜活农产品仓储物流设施、兴办农产品加工业给予补助
	2013年	国务院办公厅关于印发降低流通费用提高流通效率综合工作方案的通知	国务院办公厅	降低农产品生产流通环节用水电价格和运营费用,农产品冷链物流的冷库用电与工业用电同价
	2013年	商务部关于贯彻落实《中共中央国务院关于加快发展现代农业进一步增强农村发展活力的若干意见》的实施意见	商务部	积极推进农产品冷链物流建设,加快构建覆盖农产品主产区的产地集配体系,增强产地错峰上市能力。依托农产品产销链条,加强集散地、销地冷链物流设施建设,提升冷链设施现代化水平。加强全程冷环境管理人员培训。加快发展覆盖生产、运输、销售全过程的冷链物流
	2013年	商务部关于促进仓储业转型升级的指导意见	商务部	加大冷库改造和建设力度,促进我国冷库由原来大批量、小品种、存期长向小批量、多品种、多流通形式转化
	2013年	蔬菜市场预测及2014年工作重点	国家发展改革委	支持农产品冷链物流等流通基础设施建设

续表

分类	时间	文件名称	发布机构	主要内容
扶持政策	2013年	国务院关于促进海洋渔业持续健康发展的若干意见	国务院	加强海水产品冷链物流体系和批发市场建设，积极发展海上冷藏加工，实现产地和销地有效对接
	2014年	关于全面深化农村改革加快推进农业现代化的若干意见	中共中央、国务院	加快发展主产区大宗农产品现代化仓储物流设施，完善鲜活农产品冷链物流体系
	2014年	国务院关于加快发展生产性服务业促进产业结构调整升级的指导意见	国务院	鼓励农业企业和涉农服务机构重点围绕提高科技创新和推广应用能力，加快推进现代种业发展，完善农副产品流通体系
	2014年	关于进一步促进冷链运输物流企业健康发展的指导意见	国家发展改革委、财政部等10部门	该《意见》分大力提升冷链运输规模化、集约化水平；加强冷链物流基础设施建设；完善冷链运输物流标准化体系；积极推进冷链运输物流信息化建设；大力发展共同配送等先进的配送组织模式；优化城市配送车辆通行管理措施；加强和改善行业监管；加大财税等政策支持力度；发挥行业协会作用9部分
	2014年	国务院办公厅关于促进内贸流通健康发展的若干意见	国务院办公厅	提高物流专业化水平，支持电子商务与物流快递协同发展，大力发展冷链物流，支持农产品预冷、加工、储存、运输、配送等设施建设，形成若干重要农产品冷链物流集散中心
	2015年	中共中央　国务院关于加大改革创新力度加快农业现代化建设的若干意见	中共中央、国务院	完善全国农产品流通骨干网络，加大重要农产品仓储物流设施建设力度。加快构建跨区域冷链物流体系
	2016年	中共中央　国务院关于落实发展新理念加快农业现代化实现全面小康目标的若干意见	中共中央、国务院	完善跨区域农产品冷链物流体系，开展冷链标准化示范，实施特色农产品产区预冷工程
	2016年	国务院办公厅关于深入实施“互联网+流通”行动计划的意见	国务院办公厅	支持建设农产品流通全程冷链系统，重点加强全国重点农业产区冷库建设

续表

分类	时间	文件名称	发布机构	主要内容
扶持政策	2017年	国务院办公厅关于加快发展冷链物流保障食品安全促进消费升级的意见	国务院办公厅	到2020年，初步形成布局合理、覆盖广泛、衔接顺畅的冷链基础设施网络，基本建立“全程温控、标准健全、绿色安全、应用广泛”的冷链物流服务体系，普遍实现冷链服务全程可视、可追溯

3. 发展环境

当前我国经济步入“新常态”，仍处于重要战略机遇期。冷链物流体系的建立促进我国健康饮食文化的发展，惠及民生。不仅如此，随着“互联网+”这一“新引擎”的推动，冷链物流这一传统行业正在迸发出新的火花，电子商务企业纷纷进驻冷链行业，“大众创业、万众创新”为冷链物流行业带来了更多商机，这都使冷链物流成为我国一个重要的经济增长点。据预测，冷链本身在我国具有超过每年一千亿元的设备市场，并且冷链物流由于涉及从产地到居民餐桌的长链条，应用范围广、涉及人员多，预计冷链物流及其附带的总产值将超过万亿，产业发展空间巨大。

目前，我国提出“一带一路”倡议，国家要发展，要走出去带进来，“一带一路”打通之后，未来沿线国家或地区的新鲜农副产品交易规模和频次将大幅度提升，冷链物流的需求则会越来越大。因此，“一带一路”为冷链物流的发展提供了强大的驱动力。

1.3　吉林省冷链物流的发展优势与政策规划

吉林省是我国东北地区的农业大省，共包括8个地级市、1个自治州、19个市辖区、20个县级市、18个县和3个自治区，人口2733万。吉林省是我国非常重要的商品粮输出基地，农产品种类丰富，水果、蔬菜等鲜食农产品产量可观。玉米、水稻等粮食农产品年产量连续五年超过700亿斤，位居全国第四位，且盛产人参、油豆角、甜玉米、菌类等特色农产品，具有独特的资源优势。充足的粮食基础促进了猪牛羊禽养殖业的发展，发达的水系为淡水鱼养殖提供了资源条件。

吉林省地处我国东北中部，位于日本、俄罗斯、朝鲜、韩国、蒙古与中国东北部组成的东北亚几何中心地带，且北接黑龙江省，南邻辽宁省，西接内蒙古自治区，东与俄罗斯接壤，东南部与朝鲜隔江相望，便于边境贸易，在冷链物流发展中具有独特的区位优势。

吉林省近年来出台了一系列有利于促进冷链物流发展的实施措施和指导意见，如《吉林省物流业发展“十三五”规划》（吉政办发〔2012〕26号）、《吉林省物流园区发展规划》（吉发改经贸联〔2014〕1037 号）、《关于加强物流短板建设促进有效投资和居民消费的实施方案》、《吉林省物流业降本增效专项行动方案》（2016—2018 年）（吉政办发〔2017〕3 号）、《加快发展冷链物流保障食品安全促进消费升级的实施意见》（吉政办发〔2018〕7 号）等，为吉林省冷链物流相关产业发展创造了优良的政策环境。

第 2 章　吉林省冷链需求分析

随着我国“十三五”规划的有效推进，国内经济保持稳步增长，预计到 2020 年国内生产总值和城乡居民人均收入比 2010 年翻一番；“十三五”既是全面建成小康社会的关键时期，也是吉林省加快建设新型工业化、信息化、城镇化、农业现代化的重要时期。冷链产业的高效发展作为新的增长点和增长动力，符合解放和发展生产力的要求，也能更好地调整经济结构和促进企业提质增效、转型升级。吉林省目前仍处于可以大有作为的重要战略机遇期，且作为中国重要的工业基地和农业强省，把握冷链产业这一新增长点和机遇至关重要。本章在调研分析吉林省易腐食品产量和冷链发展现状的基础上，对未来冷库需求进行了预测，分析结果表明，无论从冷链产业体量规模还是质量水平方面，吉林省都存在着较大的提升发展空间。

2.1　吉林省易腐食品产量调研分析

易腐食品通常是指在自然温度环境下受温度和湿度的影响，存放时间内容易发生动物性食物变质、植物性食物的腐烂、霉变等质量问题。其中包含动物性食品（虾、蟹、沙蚕、活冻贝、鲜鱼类、畜禽肉类及加工后的食品）、植物性食物（花卉、水果、蔬菜类、菌类等）、速冻面食、蛋乳制品等。

2.1.1　果蔬产量

由于其区域和气候优势，吉林省水果的品质别具特色，深受消费者喜爱。吉林省水果产量（包含瓜类）约占全国总产量的 0.9%，产量大，且每年产量基本稳定，如表 2-1 所示。

吉林省与全国水果产量数据对比（单位：万吨）　　表 2-1

年份	全国	吉林省	占比
2012	24056.84	217.47	0.90%
2013	25093.04	234.66	0.94%
2014	25093.04	229.75	0.92%
2015	27375.00	208.97	0.76%
2016	28351.09	241.10	0.85%

其中，吉林省瓜类产量大，总产量约占全国总产量的 1.77%左右，如表 2-2 所示。2017 年，全省瓜类播种面积 131 万亩，包括西瓜播种面积 73 万亩，甜瓜 58 万亩。

吉林省与全国瓜类产量数据对比（单位：万吨） 表 2-2

年份	全国	吉林省	占比
2012	8952.40	157.72	1.76%
2013	9321.78	173.41	1.86%
2014	9554.07	170.85	1.79%
2015	9895.46	155.57	1.57%
2016	10231.70	190.12	1.86%

吉林省蔬菜年产量稳定在 800 万吨以上，约占全国蔬菜年总产量的 1%以上，产量巨大，近几年呈现波动和稍微下降趋势，如表 2-3 所示。据调研，2017 年全省蔬菜播种面积 534 万亩，比上年增长 3 万亩；设施蔬菜播种面积 202 万亩，比上年度增加 3 万亩，以期遏制蔬菜产量下降走势。生产品种主要有大白菜、萝卜、黄瓜、西红柿、辣椒、茄子、大葱等。

吉林省与全国蔬菜产量数据对比（单位：万吨） 表 2-3

年份	全国	吉林省	占比
2012	70883.06	957.50	1.35%
2013	73511.99	938.07	1.28%
2014	76005.48	875.95	1.15%
2015	78526.10	860.00	1.10%
2016	79779.71	852.44	1.07%

2.1.2 肉类产量

吉林省肉类年产量基本稳定在 260 万吨以上，约占全国肉类年总产量的 3%以上，在吉林省所有常见易腐食品种类中占比最高，如表 2-4 所示。吉林省畜牧业稳步发展，以 2018 年 1～5 月份为例，全省养殖业产值增长 3.7%，猪、牛、羊、禽出栏量分别增长 1.9%、2.0%、1.8%和 3.4%。

吉林省与全国肉类产量数据对比（单位：万吨） 表 2-4

年份	全国	吉林省	占比
2012	8387.24	259.96	3.10%

续表

年份	全国	吉林省	占比
2013	8535.02	262.66	3.08%
2014	8706.74	261.97	3.01%
2015	8625.04	261.14	3.03%
2016	8537.76	260.41	3.05%

2.1.3　水产品产量

吉林省毗邻俄罗斯和朝鲜，在水产品国际贸易方面具有独特的区位优势。并且，吉林省内河流众多，包括松花江水系、辽河水系、鸭绿江水系、图们江水系等，在淡水水产品养殖上具有得天独厚的资源优势。

吉林省水产品年产量已达到20万吨，且每年呈稳定上升趋势，约占全国水产品年总产量的0.3%，如表2-5所示。

吉林省与全国水产品产量数据对比（单位：万吨）　　**表2-5**

年份	全国	吉林省	占比
2012	5907.68	18.21	0.31%
2013	6461.50	18.58	0.29%
2014	6461.50	19.01	0.29%
2015	6699.65	19.52	0.29%
2016	6901.25	20.07	0.29%

2.2　吉林省冷链发展现状

为了全面分析吉林省冷链的发展现状，本次调研收集了吉林省省内的71家（包含大、中、小型）冷链企业的相关信息，基本涵盖吉林省主要冷链企业。

在此基础上，针对部分地区的冷链企业进行三次实地调研，调研企业如下：2018年7月，长春市阿满馋吧食品有限公司、农产品批发市场、吉林市丰迪食品有限公司、公主岭高金食品有限公司和吉林祥裕食品有限公司；2018年8月，延边金刚山食品有限公司、延吉市万源批发市场、珲春旭竹参业有限公司、珲春东鹏工贸有限公司、珲春洪昊食品工贸有限公司、珲春兴阳水产、中国珲春跨境电商监管中心、珲春中俄互市贸易区；2018年11月，长春皓月清真肉业股份有限公司、吉林华正农牧业开发有限公司、吉林德大有限公司、榆树正大有限公司、长春欧亚商都超市、长春繁荣商场、长春泰来街早市、长春市蔬菜粮油肉禽批发市场、长春海吉星农贸批发市场等。

另外，在此期间项目人员与吉林省发展改革委、商务厅、安监局、畜牧局等相关部门也展开了项目座谈会，就吉林省冷链发展现状进行了广泛交流。

2.2.1 冷链企业区域分布

表 2-6 表示了吉林省 71 家冷链企业的区域分布情况。其中，长春市、吉林市、延边朝鲜族自治州、辽源市四个地区的冷链企业数量较多，均在 10 家以上；而白城市、松原市、四平市等地区的冷链数量较少，冷链产业发展相对落后；所以吉林省冷链企业存在区域发展不平衡问题，总体上呈现中、东部相对领先，西部相对落后的态势。

冷链企业区域分布 **表 2-6**

城市	冷链企业个数	城市	冷链企业个数
延边	12	辽源	10
长春	12	四平	5
吉林	11	松原	1
白山	7	白城	4
通化	9		

2.2.2 冷链企业数量与规模

1. 冷链企业数量

本次统计吉林省全省冷链企业数量仅 71 家，冷链企业数量偏少。根据中关村绿色冷链物流产业联盟发布的“2018 版全国冷链物流企业分布图”，在全国已有会员冷链企业 1718 家，而吉林省会员企业数量只有 15 家，占全国总数的 0.87%，处于全国倒数第五，也印证了吉林省冷链产业在全国相对落后。

2. 经营规模情况

从经营规模上来看，吉林省所有冷链企业的资产总额为 104.22 亿元，年营业收入 131.61 亿元，与全国其他省份冷链产业的发展规模差距较大。

图 2-1 表示了吉林省各地区冷链企业经营规模分布。以延边州和白山市为例，企业数分别是 12 家和 7 家，年营业总收入分别是 1.81 亿元、0.55 亿元，两地企业年营业平均收入分别为 1507 万元/家和 784 万元/家，总体表现出企业经营规模小的特点。冷链企业总资产区域分布也是类似情况。图 2-2 为吉林省冷链企业年营业收入区间比例分布图，可以看出亿元以下企业占比约为 73%，即大部分冷链企业还处于中小型收入规模。

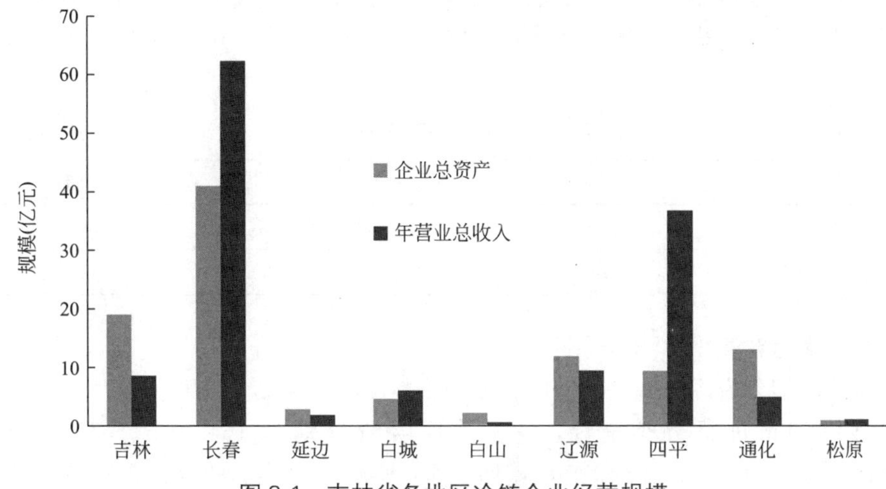

图 2-1　吉林省各地区冷链企业经营规模

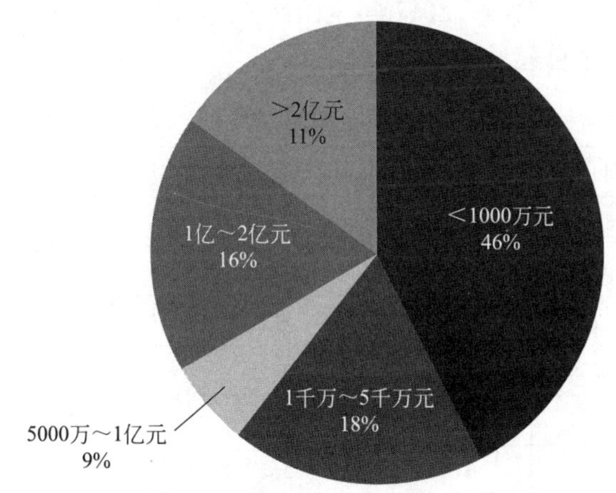

图 2-2　吉林省冷链企业年营业收入区间比例

2.2.3　冷库库容与分类

在冷链物流中，冷库扮演着库存中心、调度中心、增值服务中心、先进冷链物流技术应用中心等多重角色，是冷链物流重要组成部分，是满足冷链物流上下游需求的重要基础设施。

1. 冷库用途分类占比

从吉林省内不同用途的冷库数量和对比数据中可以看出，用于生产、批发、流通、储存的占比分别为 17.31%、17.95%、30.13%、34.62%（多数冷链企业冷库用于多种用途），如表 2-7 所示。其中用于储存的冷库占比最高，用于生产和批发的冷库占比最低。为了有效提高食品附加值，一般需要对食品原材料进一步加工，所以从提高吉林省整体食品附加值的角度看，用于生产的冷库数量偏少。

冷库不同用途的数量及占比　　表 2-7

用途	生产	批发	流通	储存
企业数量	27	28	47	54
占比(%)	17.31	17.95	30.13	34.62

2. 冷库总容量

将冷库细分为冷却间、冻结间、冷却物冷藏间、冻结物冷藏间、冰库，对吉林省冷库容量进行分类统计，各类冷库容量分别为 164595m^3、746967m^3、892677m^3、1036562m^3 和 6099m^3，如表 2-8 所示。将其加和可得吉林省冷库总体容量为 2901792m^3，经过换算也可得 725448t（按照冷库容量立方米和吨之间的经验换算系数 0.25 计算）。2017 年全国冷库容量约为 4700 万吨，吉林省冷库总容量约占全国冷库总容量的 1.54%。

吉林省冷库各库房类别容量（单位：m^3）　　表 2-8

地区	冷却间	冻结间	冷却物冷藏间	冻结物冷藏间	冰库
吉林	14390	17858	89148	92199	1000
长春	12728	0	601500	129693	20000
延边	33140	23016	32300	15500	200
白城	34375	16350	30450	73500	8550
白山	2200	657180	4400	654920	6000
辽源	2876	3743	25364	21150	5890
四平	13111	10360	26000	35200	19350
通化	51775	18460	57115	12200	0
松原	0	0	26400	2200	0
共计	164595	746967	892677	1036563	60990
总计	2901792				

3. 冷库储存产品类型

从吉林省冷库企业储存产品类型的情况来看，果蔬、水产、肉制品、蛋奶制品以及其他的占比分别为 24.14%、20.00%、22.07%、12.41%和 21.38%，如表 2-9 所示。表 2-9 中“其他”类别中包括速冻甜玉米、乌米、蒲公英、松子、人参等附加值高的特色农产品，可以通过冷链技术从整体上实现特色农产品附加值的最大化。

吉林省冷库储存不同产品类型数量及其占比　　表 2-9

名称	果蔬	水产	肉制品	蛋奶制品	其他
企业数量	35	29	32	18	31
占总比例(%)	24.14	20.00	22.07	12.41	21.38

4. 制冷系统制冷剂应用情况

从制冷系统利用的制冷剂分类，氨、氟和 CO_2 利用率分别为 41.94%、56.45%、1.61%，如表 2-10 所示。受近年来涉氨冷库爆炸起火等事故的影响，氨的利用率在下降，氟的利用率在升高。氨作为一种天然工质，具有很好的热力性质和很高的制冷效率，在冷库应用中具有明显优势，不可因为极少量氨系统由于不当操作引起的安全事故，从而全盘否定其应用的价值。

吉林省各地区冷库制冷剂类型企业数量及其占比　　表 2-10

地区	氨	氟	CO_2
吉林	4	8	0
长春	6	0	1
延边	0	6	0
白城	3	1	0
白山	2	5	0
辽源	3	8	0
四平	3	2	0
通化	4	5	0
松原	1	0	0
总计	26	35	1
占比(%)	41.94	56.45	1.61

5. 冷库信息化

信息化管理系统不仅对于冷库的标准化运行、节能、安全等具有重要意义，也对冷冻冷藏品的品质起到有效保障作用。从各地区冷库启用信息化管理系统的情况来看，长春市启用信息化管理系统的冷库占比为 91.66%，比例最高，吉林市和辽源市超过 50%，而其他大部分地区和大部分冷库还没有启用信息化管理系统，如表 2-11 所示。

吉林省各地区冷库信息化管理系统数量及其占比 表 2-11

地区	启用信息化管理系统数量	占比(%)
吉林	7	63.63
长春	11	91.66
延边	3	25.00
白城	1	25.00
白山	2	28.57
辽源	5	50.00
四平	2	40.00
通化	4	44.44
松原	0	0
总计	35	49.30
占比	35	49.30

2.2.4 速冻能力

食品速冻是提升冻结食品冷藏品质的重要冷加工技术，对于调理食品、水产品、特殊含糖分高的产品在加工或存储中，通过速冻处理能够保证其口感和品质。从吉林省本次调研情况来看，除了吉林市和辽源市具有相对较大的速冻能力之外，其他地区速冻能力均较差（见表 2-12）。且从实地调研发现，部分具备速冻设备的企业，其设备陈旧或采用二手速冻设备，运行能耗高。

吉林省各地区速冻能力 表 2-12

地区	吉林	长春	延边	白城	白山	辽源	四平	通化	松原	总计
速冻能力(t/h)	1089	32	35	91	2	1091	145	148	6	2639

2.2.5 冷藏车

吉林省冷藏车辆保有量仅为 789 辆，除长春市和延边州地区的冷藏车辆相对较多之外，其他地区的冷藏车辆极少，松原市地区的冷藏车辆几乎为零（见表 2-13）。根据中关村绿色冷链物流产业联盟 2018 年统计的数据可知，全国会员冷链企业拥有冷藏车总数为 38643 辆，而吉林省地区会员单位冷藏车仅为 215 辆，只占全国的 0.56%，位列全国倒数第五，处于落后地位。

吉林省各地区冷藏车数量　表 2-13

地区	吉林	长春	延边	白城	白山	辽源	四平	通化	松原	总计
冷藏车数量(辆)	45	415	142	24	35	36	31	60	1	789

冷藏运输是保证食品全程冷链的重要环节，冷藏车辆的数量不仅代表了当地冷链产业的水平，也象征着当地整个冷链环节的完整性。在实地调研中我们还发现，在国际贸易中，食品从境外运入时大部分使用了冷藏车辆，但是到达省内后却采用常温厢式车辆，甚至使用被子覆盖的方式运输本该需要全程冷藏的食品。

2.2.6 冷链装备制造

冷链物流全过程的冷加工、冷冻冷藏、冷藏运输和冷藏销售各个环节均需要相应的冷链装备（见表 2-14)，这些装备是冷链物流体系的核心组成部分，是冷链物流的基础设施，这些装备的使用直接影响到环境、能源、食品价格、食品品质，是冷链物流绿色可持续发展的关键。

冷链物流各环节使用的冷链装备　表 2-14

冷链环节	冷加工	冷冻冷藏	冷藏运输	冷藏销售
相关装备	冻结间 速冻设备 压差预冷设备 真空预冷设备 冷水预冷设备 空气预冷设备	冻结物冷藏库 冷却物冷藏库 冰温储藏库 货架 堆垛机 叉车 托盘	冷藏集装箱 气调集装箱 蓄冷冷藏车 配送冷藏车	冷藏库 陈列展示柜 零售冷藏柜 配送冷藏箱

与吉林省目前冷链装备应用严重不足（吉林省人均拥有冷库 0.72m^3，仅为全国人均冷库拥有量的50%，冷藏车仅有 789 辆）类似，吉林省在冷链装备制造行业没有规模以上企业，仅有几家小型制冷机组组装企业，基本没有设备研发和技术创新能力。

2.3 吉林省冷链需求预测

为了预测未来吉林省对于冷链产业的需求，针对冷链物流中最重要的冷库容量，分别以吉林省易腐食品产量和冷库增长趋势两种方式进行了未来发展预测。

2.3.1 根据易腐食品产量的需求预测

冷库的需求量与易腐食品的产量成正比，与冷库的周转率、利用率成反比，冷库需求量计算模型如下：

冷库需求量=(肉类产量×肉类冷藏流通率+果蔬产量×果蔬冷藏流通率+水产品产量×水产品冷藏流通率)/(冷库年平均冷藏周转率×冷库年平均利用率)

通过调研发现，2010～2016 年吉林省果蔬年产量波动较大，与经济发展的增长趋势和市场需求不吻合，2017 年，全省蔬菜播种面积 534 万亩，比上年增长 3 万亩，设施蔬菜播种面积 202 万亩，比上年度增加 3 万亩，努力遏制蔬菜产量下降。为了更加准确预测未来吉林省果蔬产量，取近几年果蔬产量的平均值作为未来数年吉林省果蔬产量的保守估计值。通过对吉林省肉类产量、水产品产量数据的分析，我们发现其增长呈线性趋势，因此我们对 2010～2016 年的年产量进行线性拟合（见图 2-3），得出拟合计算公式，进而测算出 2017～2025 年肉类和水产品产量。

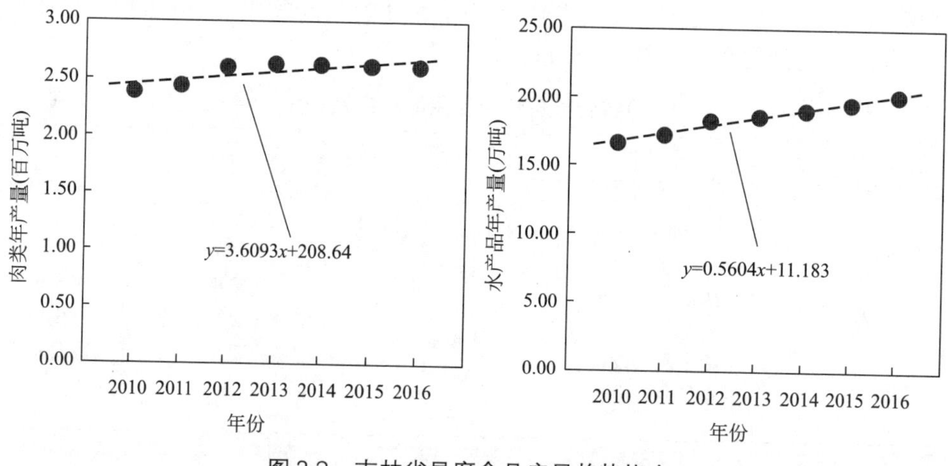

图 2-3 吉林省易腐食品产量趋势拟合

表 2-15 为吉林省易腐食品产量预测值。吉林省未来易腐食品的产量逐年增加，至 2020 年，吉林省易腐食品的年产量达到约 1628 万吨，到 2025 年，吉林省易腐食品年产量达到 1649 万吨，相比 2016 年吉林省易腐食品总产量 1564 万吨，分别增长了 64 万吨和 85 万吨。

根据吉林省各类易腐食品的产量预测值和冷库需求模型，可计算出未来吉林省冷库需求量。目前果蔬冷藏率、肉类冷藏率、水产品冷藏率分别取 20%、30%、40%，随着冷链行业发展和行业标准政策的落地实施，我们假设冷藏率将按照每年 2%增长，到 2025 年分别可以达到 36%、46%、56%。基于冷库实际运行的情况，将冷库平均周转率设置为 8 次/年，冷库利用率设置为 60%。

吉林省易腐食品产量预测结果（单位：万吨）　　表 2-15

年份	果蔬产量	肉类产量	水产品产量	合计
2017	1325.7	270.00	20.71	1615.78
2018		273.61	21.27	1619.95
2019		277.22	21.83	1624.12
2020		280.83	22.39	1628.29
2021		284.44	22.95	1632.46
2022		288.04	23.51	1636.63
2023		291.65	24.07	1640.80
2024		295.26	24.63	1644.97
2025		298.87	25.19	1649.14

注：该表的基础数据为 2016 年。

冷库容量需求预测结果如表 2-16 所示。2020 年和 2025 年，吉林省冷库容量的需求量将分别达到约 95 万吨和 131 万吨。与目前吉林省冷库保有量 72.5 万吨相比，分别增加 31%和 81%左右，说明吉林省对于冷库容量的需求远远超过目前已有冷库容量，且未来冷库容量的需求量还在逐年上升。

吉林省冷库容量需求量预测　　表 2-16

年份	2018	2019	2020	2021	2022	2023	2024	2025
果蔬冷藏率(%)	22	24	26	28	30	32	34	36
肉类冷藏率(%)	32	34	36	38	40	42	44	46
水产品冷藏率(%)	42	44	46	48	50	52	54	56
冷库周转率(%)	8							
冷库利用率(%)	60							
冷库需求量(万吨)	80.83	87.89	94.98	102.11	109.27	116.47	123.70	130.96

注：该表的基础数据为 2016 年。

2.3.2　根据增长趋势的需求预测

根据 2012～2018 年全国冷库容量的数据（2012 年 2563 万吨、2013 年 2884 万吨、2014 年 3273 万吨、2015 年 3640 万吨、2016 年 3948 万吨、2017 年 4300 万吨、2018 年 4700 万吨），拟合出增长趋势线，如图 2-4 中所示。其中 R^2 代表拟合程度，其越趋近于 1，拟合度越好。按照这条趋势线，可以预测出未来数年的全国冷库容量发展情况和年增长率。预测吉林省冷库与全国同步增长，采用全国冷库增长率计算吉林省未来冷库容量需求。

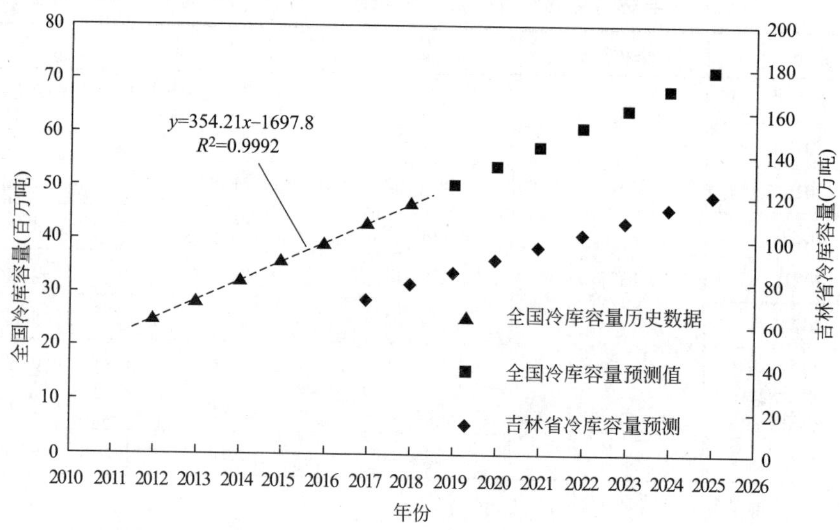

图 2-4　吉林省冷库容量发展预测模型

根据预测模型计算结果可以得知，2018～2025 年冷库容量的年增长率虽然从 9％左右放缓到 5％左右，但是 2020 年吉林省冷库容量将达到 91 万吨左右，2025 年吉林省冷库容量将达到 121 万吨左右，分别比 2017 年冷库容量 72.5 万吨增长 26％和 67％左右，同样说明吉林省未来冷库容量的发展空间巨大。

第3章　吉林省果蔬冷链现状

3.1　吉林省果蔬冷链背景概述

吉林省是我国东北地区的农业大省，位于夏热冬冷地区，地理环境优越，农产品种类丰富，水果、蔬菜等鲜食农产品产量可观。近年来省内居民对鲜食果蔬的种类以及数量的需求不断增加，除由本省生产供应外，一些果蔬需要从外省采购和国外进口。果蔬等生鲜农产品在产销过程中易发生损耗，腐损率最高可达30%。全程冷链物流配送作为当前生鲜农产品产销流通过程中的重要手段，对保障果蔬品质、减少腐损浪费、满足人民高品质生活需求和拉动当地经济发展具有重要作用。

3.2　吉林省果蔬产销状况

3.2.1　果蔬地域分布

吉林省属于温带大陆性季风气候，适宜种植的水果较为有限，主要是苹果、葡萄、李、杏、梨、草莓、蓝莓和海棠等种类。受长白山、松花江和辽河流域自然因素的影响，形成了三个生态和气候环境迥异的区域，即东部、中部和西部三条果蔬产业带。

东部山区：包括白山地区、通化地区、延边地区和吉林地区。长白山林区是吉林省最主要的野生果蔬资源基地。野生水果资源丰富，主要品种有山里红、樱桃、野草莓、山杏、山丁子、山梨、山葡萄、山楂、笃斯越桔、悬钩子、稠李子、山核桃等。野生蔬菜则包括棒菜、薇菜、黄花菜、兰花菜、蒲公英、山茄子、山苦菜、刺嫩芽、藏菜、广东菜、山离芭、小根蒜、龙须菜、莽菜、率觅、野豌豆等。这些野生果蔬满足了消费者对食物品质和饮食健康的新增需求，可制成葡萄酒、饮料、罐头、果干制品等，附加价值较高。同时东部地区还适宜苹果、葡萄、李子、蓝莓、梨的生长。其中，吉林市水果种植面积居吉林省首位，占全省的22.98%，且吉林市种植苹果和葡萄的面积最大；而延边州以种植苹果、梨为主。

中部地区：吉林省中部地区土壤条件好，种植面积大，是果蔬供应的主产区。中部地区通过人工种植生产的果蔬品，以满足省内消费者日常生活中对果蔬的基本需求为主要目的。各地的优势品种如长岭的胡萝卜，公主岭的苹果梨，农安的西兰花、荷兰豆、大蒜，洮南的西瓜、辣椒，怀德的豆角，德惠的西红柿，梨树县的白菜、葡萄，伊通的梨、杏、李，延边的苹果梨和元葱，辽源的韭菜，永吉的苹果等。而省会长春市主要以鲜食葡萄、草莓和李子为主，四平市则以金红苹果、鲜食葡萄和苹果梨为主。

西部地区：以草原和荒碱地为主，加之气候因素影响，果蔬生产规模小，有部分特色野生果蔬资源产出。如西伯利亚杏、山荆子、欧李、山里红、沙棘等。另外松原地区和白城地区两地，借地理优势以发展杏（仁用杏）、鲜食和加工兼用的葡萄、小苹果、李、杏、沙棘为主。

3.2.2 果蔬产量

吉林省生产蔬菜品种主要有大白菜、萝卜、黄瓜、西红柿、辣椒、茄子、大葱等；生产水果品种主要有苹果、梨、葡萄等，其中设施果树栽培得到大力发展，主要以栽培葡萄和草莓为主，少量种植大樱桃和桃。

2012～2016年吉林省果蔬播种面积和年产量统计如表3-1和图3-1所示，蔬菜播种面积逐年递减，在全国蔬菜产量逐年总体递增形势下，吉林省的蔬菜产量呈逐年递减趋势，吉林省蔬菜产量在全国蔬菜产量的占比也呈逐年递减趋势，吉林省的蔬菜同比增长率除了2013年为2.67%外，其他年份均为负增长。

吉林省蔬菜播种面积和年产量 **表3-1**

年份	2012	2013	2014	2015	2016
蔬菜播种面积(m^2)	237.36	214.61	211.06	200.52	200.43
蔬菜产量(万吨)	957.50	983.07	875.95	860.00	852.44
全国蔬菜产量(万吨)	70883.06	73511.99	76005.48	78526.10	79779.71
占比	1.35%	1.28%	1.15%	1.10%	1.07%

数据来源：中国统计年鉴（2012—2016）。

如表3-2和图3-2所示，2012～2016年吉林省水果播种面积基本逐年递减，而水果年产量在上下波动。然而由于全国水果年产量在逐年递增，所以吉林省水果产量占全国水果产量的比重基本呈下降趋势。吉林省的水果同比增长率在2015年达到最低点－9.04%，到2016年水果同比增长率达到最高点15.4%。

综上所述，吉林省果蔬农产品发展比较平稳，全国占比基本呈递减趋势，这也间接表明，越来越多的省内消费果蔬需要依靠省外采购和海外进口，为了保障对外采购果蔬的新鲜度和安全性，更需大力发展果蔬冷链物流。

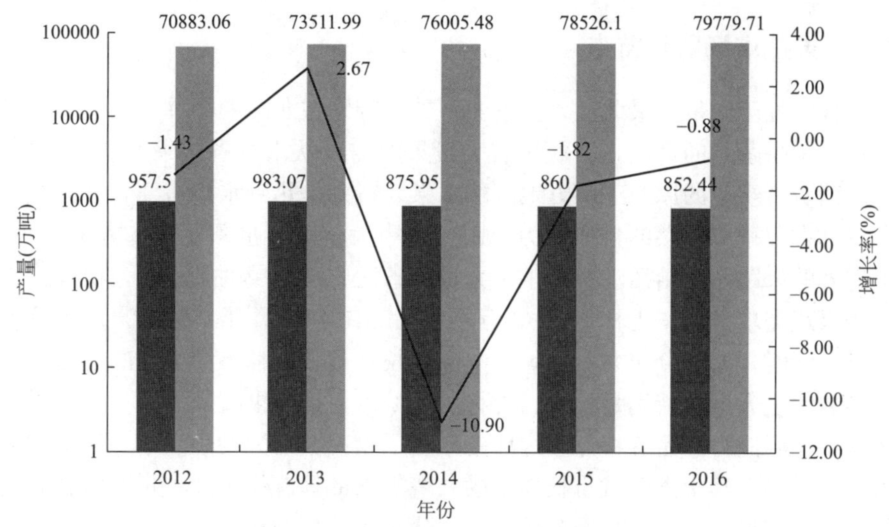

图 3-1　吉林省蔬菜年产量及其增长率

吉林省水果播种面积和年产量　　表 3-2

年份	2012	2013	2014	2015	2016
水果播种面积(m^2)	53.78	52.69	52.7	47.95	46.55
水果产量(万吨)	217.47	234.66	229.75	208.97	241.10
全国水果产量(万吨)	24056.84	25093.04	26142.24	27375.00	28351.09
占比	0.90%	0.94%	0.92%	0.76%	0.85%

数据来源：中国统计年鉴（2012-2016）。

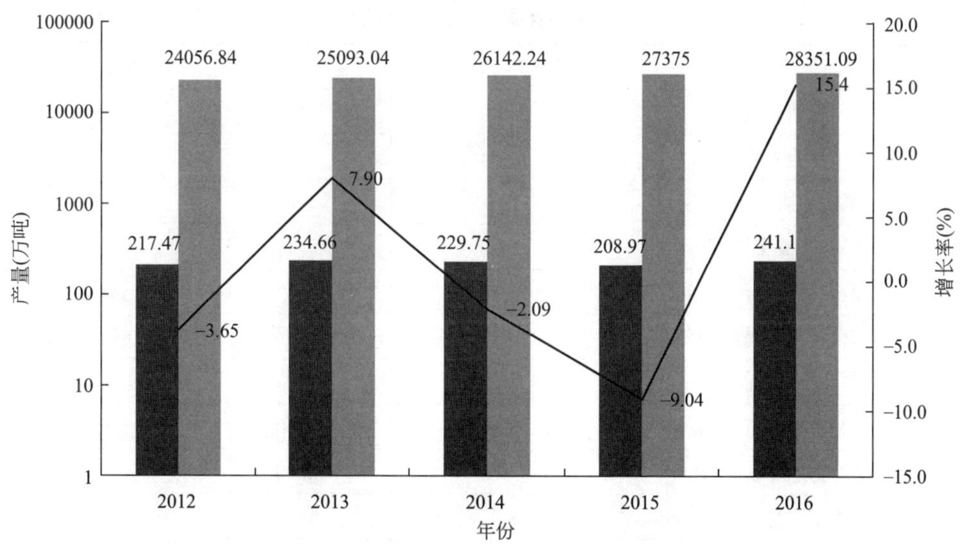

图 3-2　吉林省水果年产量及其增长率

3.2.3 果蔬市场贸易特点

吉林省处于温带的最北部，接近亚寒带，特别在寒冷的冬季，低温自然环境会直接影响果蔬品的产出，因此仍有大量果蔬需要从南方省区采购和国外进口。一些受消费者欢迎的原产于南方地区的水果，特别是热带水果需要省外采购；同时，吉林省反季节蔬菜的自产能力有限，冬季大量蔬菜也需要从南方地区采购。以上省外的果蔬品供给活动都产生了大量跨省区、跨地域的果蔬输入物流。

在果蔬需求方面，吉林省2733万人口（2016年统计年鉴数据）产生巨量果蔬需求。同时，人口分布并不均匀，中部以长春市和吉林市为中心的地区集中了全省半数以上人口，特别是长春、吉林等大城市，具有果蔬品需求量大、需求品种多样、自给能力不足等特点。这样就形成了以大城市为重心的中心拉动式果蔬需求的总格局，其中省会城市长春市的果蔬需求最具有代表性。长春所独有的气候条件使得其果蔬类农产品季节性较强，除每年的夏季和秋季，长春都需要从外省进口大量的果蔬类农产品，蔬菜每年成交量可达100万吨以上，水果30万吨以上，这种高流通量也成为了促进吉林省果蔬冷链物流的发展的重要动力。

由于吉林省果蔬品供给和需求在地点和时间方面的不一致，吉林省果蔬冷链物流在空间流向上呈现从四面向中心汇聚的趋势；在时间上呈现淡季和旺季物流量的周期性波动特征，这一点尤其表现在省外运入果蔬的外向冷链物流方面。另外，长春市周边的果蔬冷链物流活动相对密集，其在冷链物流运营特点上具有很强的代表性。

表3-3展示了吉林省果蔬市场的交易情况。

吉林省果蔬市场交易情况 **表3-3**

年份	2016	2017	同比增长率(%)
经销商数(个)	327	316	−3.36
从业人数(人)	3469	3381	−2.54
果蔬年成交量(万吨)	101.7	99.79	−1.88
果蔬年成交额(万元)	15.9	15.16	−4.65
蔬菜年交易额(万元)	10.2	9.87	−3.24
水果类年交易额(万元)	5.7	5.29	−7.19
市场经营总面积(m^2)	67000	67000	0
交易厅棚面积(m^2)	35000	35000	0
露天交易市场面积(m^2)	32000	32000	0
固定摊位数量(个)	430	430	0
非固定摊位数量(个)	480	469	−2.29

续表

年份	2016	2017	同比增长率(%)
冷库容量(t)	600	660	10
冷库总面积(m^2)	1500	1600	6.67

3.2.4 果蔬产地人均占有量对冷链物流的影响

以2016年国家统计局数据为例，分析吉林省果蔬产地人均占有量对冷链物流的影响。从表3-4可以总结出，吉林省果蔬产地人均占有量为0.4t，低于全国果蔬产地人均占有量平均值0.79t。根据国家统计局数据计算得出，吉林省果蔬人均占有量位居全国各省份果蔬产量人均排名第24位。与山东省果蔬产地人均占有量1.37t相比，在总体产量、人均占有量、冷链占有量等方面均存在很大发展空间。

吉林省果蔬产地人均占有量对比分析　　表3-4

项目	吉林省	山东	全国
人口基数(万)	2733	9947	138271
蔬菜产量(万吨)	852.44	10327.05	79779.71
水果产量(万吨)	241.1	3255.43	28351.09
人均蔬菜消耗量(t)	0.31	1.04	0.58
人均水果消耗量(t)	0.09	0.33	0.21

3.3 吉林省果蔬冷链物流存在问题

3.3.1 果蔬冷链配套设施不足

1. 吉林省果蔬冷链基础建设

吉林省专用果蔬储存的冷库建设得到一定发展，冷库的技术水平有较大幅度的提升。目前很多新建的冷库，在制冷剂选用、库温控制、分区分级制冷、密闭性处理等方面，都较以往有很大改善。作为果蔬物流重要节点，各地对果蔬批发市场和配送中心的建设也有较大发展，其中以长春市果品批发中心市场和长春市蔬菜批发中心市场，以及在建的长春海吉星农产品物流中心为典型，建成了一大批较为专业具备一定规模的果蔬品仓储中心和配送中心等基础设施，成为整个果蔬物流网络的关键节点和依托。

但是目前吉林省冷链企业中，针对果蔬冷链需求的冷藏设施相对有限，相对应的果蔬保鲜冷藏系统建设尚不完善。实地考察吉林省果品批发中心和吉林省蔬菜批发中心两个大市场，其果蔬成交量占长春总果蔬成交量99%以上，但是除了吉林省果品中心市场设有近10000m^{2}的保鲜库外，二者均没有修建冷藏库。此外，吉林省果蔬物流有80%左右还是使用常温流通手段，导致果蔬腐损率高，果蔬品质难以保障。由于冷链成本高、难操作等特点，在吉林省果蔬物流体系应用不多，冷链设施仍不完备，冷链物流经营的政策环境仍需改善。

2. 吉林省果蔬冷链运输条件

吉林省果蔬冷链运输基础条件较好，目前吉林省拥有较为完善的公路、铁路网络，全省行政村通水泥或沥青公路的比例超过91%。但是目前吉林省冷藏车辆保有量仅为789辆，在全国处于落后地位。并且，一些冷藏运输装备制造企业在制造工艺、个性化设计、车厢隔热性、气密性、制冷控温性能、测试技术与测试设备等方面与国外先进水平尚存在较大差距，运输装备的性能较低，运输成本较高，部分冷藏车存在陈旧、老化问题，代表着国外现代果蔬冷链物流水平的冷藏集装箱更是极少。厢式卡车比重仍然很低，常规陆路运输以经简单捆绑、苫盖处理的普通卡车为主流。这些都将阻碍吉林省果蔬冷链物流业的健康发展，果蔬冷链运输设备专业技术水平有待提高。

3.3.2 果蔬冷链物流企业少

吉林省各地区发改委统计数据表明，吉林省冷链物流企业较少。如果企业采用自营的运作模式，发展冷藏库和冷藏车，显然是不现实和不经济的，因此需要专业的第三方物流企业来提供服务。但是目前吉林省可以提供完善冷链物流体系的第三方物流企业非常少，所以一定程度上迫使果蔬生产商采用自营物流的方式。而且吉林省现有的果蔬冷链物流各个环节衔接不紧密，没有达到全程冷链的运作模式。生产商和零售商之间没有统一的组织协调，使生产商总是处于少量多次的物流模式中，造成资源浪费和果蔬产品质量低下，增加成本，食品品质和食品安全无法得到保障。

3.3.3 预冷环节缺失，产地初加工投入低

预冷是农产品产地快速冷却，是运输、贮藏或加工以前必不可少的环节。预冷操作必须在产地农产品采收后立即实施，目的是迅速去除田间热，降低呼吸强度，减少微生物的侵袭，防止农产品的腐烂，最大限度地保持农产品的新鲜品质。预冷工艺的主要应用对象是园艺农产品，特别是果蔬，是冷链物流的第一个环节。

当前吉林省果蔬产后预冷环节普遍缺失，绝大部分果蔬生产基地的果蔬采摘后未经预冷环节即转送到仓储运输环节，大量缺乏产地专用预冷设备，缺少产地

初加工流程，大多采用冷库对果蔬进行冷却，无法达到预冷工艺的要求，冷却效率低、效果差，影响了果蔬在流通过程中的品质。这种未经预冷和初加工的果蔬投入运输过程中后，腐损率高，直接影响果蔬品质和经济效益。

3.3.4　果蔬全程冷链体系不完善

当前吉林省果蔬类产品物流配送中仅约10％的果蔬产品处于低温流通状态，其余大部分仍然处于常温流通状态，由于大部分果蔬产品在自然物流方式下流通，导致近30％的产品因腐烂变质被丢弃或作为垃圾处理掉，造成严重资源浪费。不仅如此，尽管一些果蔬产品采取了冷链物流方式，但断链现象频发。很多果蔬在采摘后不能及时预冷处理，在之后的分拣过程中或初级加工过程中也不能保障低温处理环境。尽管在仓储阶段进行了冷藏处理，但在批发运输环节或是销售环节都没有低温环境保证，而有冷链而断链要比无冷链更加容易破坏果蔬产品的营养价值，严重影响果蔬产品的质量。

3.3.5　冷链信息化不足

当前吉林省果蔬冷链物流信息化不足，在果蔬包装仓储环节的产品标识、环境监控、仓储定位方面信息缺位，在果蔬配送环节的品质监控、环境监控、车辆定位等信息“断链”，在果蔬批发零售环节的交易结算、标识转换、信息决策等信息不足，从而导致信息处理技术不能对果蔬的冷链状况进行实时监控以及分析处理，冷链物流无法充分实现其应有保质功能。

目前吉林省还没有建立虚拟的农产品冷链物流供应链管理系统，不能对果蔬冷链进行全程跟踪、动态监控，无法通过网络链接全国的需求信息以及产品信息，果蔬冷链物流的运作效率仍需提高。

第4章　吉林省畜禽肉类冷链现状

4.1　畜禽肉类冷链物流概述

4.1.1　畜禽肉类冷链物流概念

畜禽肉类冷链物流是指畜、禽活体经屠宰加工（包括深加工）、贮藏、运输、分销、零售等环节使其始终处于适宜的低温控制环境下，最大限度地保证产品品质和质量安全、减少损耗、防止污染的特殊供应链系统。

畜禽肉类冷链物流主要由生产环节的冷链设施、流通环节（运输和集散）的冷链设施、终端销售和消费环节的冷链设施三大部分组成。

（1）生产环节的冷链设施：生产车间的冷环境（如屠宰加工厂进行肉类冷加工的分割加工间），进行冷却、冷冻处理的生产设备或专门设施（如速冻机、冷却间、冻结间等），为生产配套的冷库等。

（2）运输环节的冷链设施：如冷藏车、保温车、冷藏列车、冷藏船等。

（3）集散环节的冷链设施：大多设置在消费中心附近，主要包括保障城市供应的储存性冷库，服务于销地市场的冷链物流基地、冷链物流中心、冷链配送中心的储存性或分配性冷库，以及控温状态下的分拣、加工、包装、配送设施，产地或销地大型农产品批发市场配套的储存性或周转性冷库。

（4）销售环节的冷链设施：如超市的冷柜、展示柜，以及销售企业的周转性和分配性冷库等。

（5）消费环节的冷链设施：酒楼、餐厅等的冷柜、冰箱和小型装配性冷库，消费者家中的冰箱，以及消费者购买生鲜食品“最后一公里”保温袋。

4.1.2　畜禽肉类冷链产品分类

按照加工程度，畜禽肉类产品可分为初级畜禽肉类产品和深加工畜禽肉类产品。初级畜禽肉类产品既有经过屠宰加工、冷却处理的冷鲜产品（如冷鲜猪肉、牛肉、羊肉、冰鲜鸡等），又有经过冷冻处理的冷冻产品（如冻肉、冻鸡、冻猪牛羊禽副产品等），而对于动物活体通常不需要采用技术手段降温，不属于冷链物流范畴。深加工畜禽肉类产品主要包括速冻食品（速冻牛柳、速冻鸡块等），畜禽的熟食（或半熟）制品（如火腿肠、培根、酱卤制品等）。

按加工、运输和储存温度要求，畜禽肉类产品可分为冷冻产品、冷却产品和常温产品。冷冻产品主要包括各种冻肉类产品（如冻猪牛羊肉、冻鸡、冷冻的猪牛羊鸡副产品等）以及速冻食品等；冷却产品是指需要冷却保鲜的产品（如冷鲜肉、熟食制品等）。不同畜禽肉类冷链产品对于储存温度和生产环境温度的要求不同，不同的温度要求决定了它们的物流特性。主要畜禽肉类冷链产品对温度要求如表4-1所示，物流特性如表4-2所示。

畜禽肉类冷链产品的温度要求 表4-1

序号	主要品种	分类	储存温度范围	生产环境温度	备注
1	冷鲜肉、冰鲜鸡	冷却	0～+4 ℃	−7～0 ℃	冷却间
2	分割肉、分割鸡	冷却	−2～+2 ℃	10～12 ℃	分割间
3	冻肉、冻鸡、冻副产品	冷冻	−20～−18 ℃	−23～−28 ℃	冻结间
4	速冻食品、速冻产品	冷冻	−20～−18 ℃	−30～−40 ℃	速冻机、速冻隧道
5	熟食制品	冷藏	−5～+5 ℃	10 ℃	
6	禽蛋	冷却	0～+2 ℃	—	冷却间

畜禽肉类产品冷链物流的主要特点 表4-2

序号	物流特性	冷冻状态	冷却状态
1	生产环境温度要求	有要求	有要求
2	储存环境温度要求	−18 ℃以下	0 ℃左右
3	运输过程温度要求	−18 ℃以下	0 ℃左右
4	储存或保质期限	6～12个月	10～20天
5	运输距离/辐射半径	取决于运输工具	取决于运输工具
6	运输工具温度要求	带制冷机组的冷藏车、冷藏集装箱	冷藏车、保温车、冷藏集装箱

4.2 吉林省畜禽肉类冷链物流现状

4.2.1 畜禽肉类冷链产品生产情况

1. 畜禽养殖情况

根据吉林省9个地区的畜禽养殖分布情况可知，在西部地区，草原资源丰富，决定了该地区适合羊的养殖；在中部地区，有丰富的饲料资源和农副产品资源，该地区主要以猪、牛、家禽的饲养为主；东部地区，由于气候特点和地形的局限性，各类畜禽的养殖数量相对较低。

2012～2016年，吉林省畜禽养殖存栏量根据畜禽种类不同，变化趋势略有差异。图 4-1 表明猪的存栏量近年呈下降趋势，牛的年存栏量相对较稳定，羊的年末存栏量增长明显，家禽存栏量基本变化不大。畜禽养殖存栏量同比上一年度增长率变化见表 4-3。相比 2012 年，2016 年全省猪存栏量减少 5.3%，牛存栏量减少 1.0%，羊存栏量上涨 11.3%，家禽存栏量减少 7.4%。

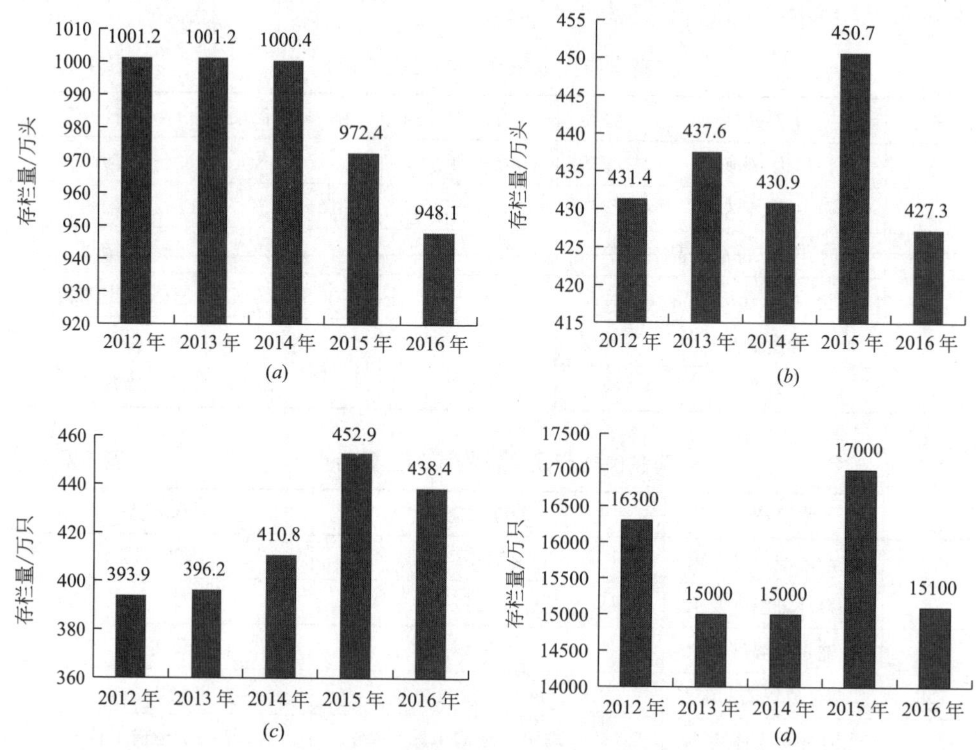

图 4-1 吉林省畜禽养殖年末存栏量

（a）猪存栏量；（b）牛存栏量；（c）羊存栏量；（d）家禽存栏量

吉林省畜禽养殖年末存栏量同比上一年增长率 **表 4-3**

年份	猪(%)	牛(%)	羊(%)	家禽(%)
2012	1.2	1.8	0.6	6.4
2013	0	1.4	0.6	−8.0
2014	−0.1	−1.5	3.7	0
2015	−2.8	4.6	10.2	13.3
2016	−2.5	−5.2	−3.2	−11.2

图 4-2 及表 4-4 为吉林省畜禽养殖年出栏量及其增长率。可以看出，牛、羊的出栏量逐年上涨，2012～2016 年，牛、羊的年出栏量分别上涨了 3.37%、24.3%，而猪、家禽的年出栏量较为稳定。

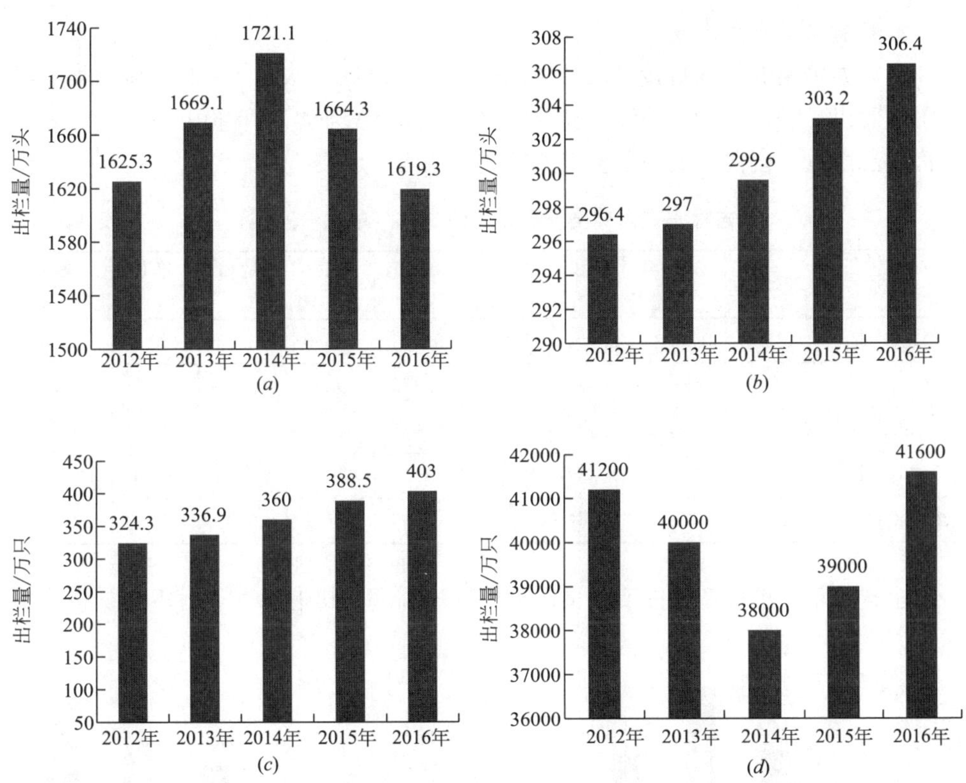

图4-2　吉林省畜禽养殖出栏量

(*a*) 猪出栏量；(*b*) 牛出栏量；(*c*) 羊出栏量；(*d*) 家禽出栏量

吉林省畜禽养殖年末出栏量同比上一年增长率　　表4-4

年份	猪(%)	牛(%)	羊(%)	家禽(%)
2012	9.8	0.7	4.3	6.2
2013	2.7	0.2	3.9	−2.9
2014	3.1	0.9	6.9	−5.0
2015	−3.3	1.2	7.9	2.6
2016	−2.7	1.1	3.7	6.7

畜禽养殖离不开饲料生产加工。吉林省是我国重要的粮食主产区，在保证我国粮食安全的前提下大力发展饲料加工业，涌现出一批优秀饲料加工企业，以玉米为原料的规模以上饲料加工企业约20家，主要分布在交通便利、能源充足的中部和中西部粮食主产区，85%以上的大中型饲料加工企业集中在长春市、四平市、吉林市和松原市。例如正大集团在吉林省建立了4家饲料加工厂，每年饲料生产总量约50万吨；农标普瑞纳（吉林）饲料公司年生产能力约3.6万吨。吉林省较高的农作物饲料加工量有利促进了本省养殖业产业链的发展。

2. 畜禽肉类产品产量

畜禽养殖业的发展直接带动畜禽肉类产品的发展。从表 4-5 的畜禽肉类总产量可以看出，2012～2016 年，全省猪、牛、羊、禽肉类总产量相当稳定，其中猪肉年总产量占畜禽肉类总产量的 50％左右。

吉林省畜禽肉类产品及其增长率（单位：万吨）　　表 4-5

指标	2012 年	2013 年产量和增长率		2014 年产量和增长率		2015 年产量和增长率		2016 年产量和增长率	
猪肉产量	132.7	136.3	2.7％	140.4	3.0％	136.0	－3.1％	130.6	－4.0％
牛肉产量	45.0	45.0	0％	46.0	2.2％	46.6	1.3％	47.1	1.1％
羊肉产量	4.1	4.2	2.4％	4.6	9.5％	4.8	3.9％	4.8	0.6％
禽肉产量	78.1	77.1	－1.3％	70.9	－8.0％	73.7	3.9％	77.9	5.7％
总 量	259.9	262.6	1.0％	261.9	－2.6％	261.1	－0.3％	260.4	－0.3％

全省五年畜禽肉产量的变化情况如图 4-3 所示，其中牛、羊肉年产量整体呈

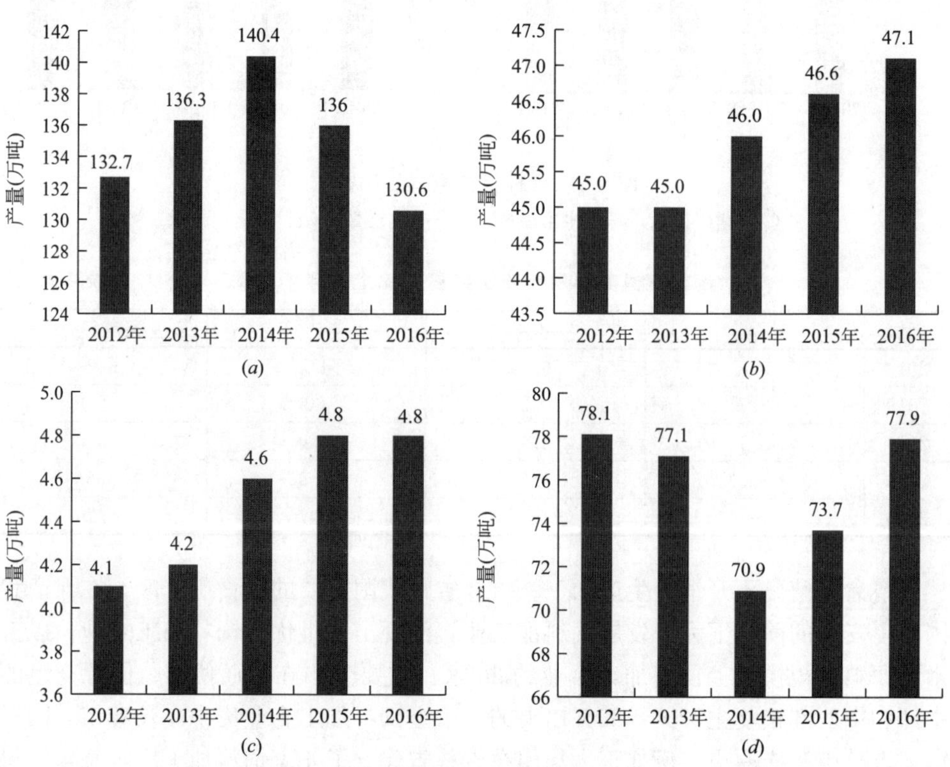

图 4-3　吉林省畜禽肉类产品产量

（a）猪肉产量；（b）牛肉产量；（c）羊肉产量；（d）禽肉产量

现逐年上升趋势，猪肉年产量先升后降，禽肉年产量先降后升。2016 年，全省猪肉产量为 130.6 万吨，同比上年下降 4.0%；牛肉、羊肉、禽肉产量各为 47.10 万吨、4.8 万吨、77.9 万吨，同比上年分别增长 1.1%、0.6%、5.7%。

3. 畜禽肉类产品年产值

畜禽肉类产品年产值一方面受产品价格影响，一方面受到年产量的影响。根据调研结果，吉林省畜禽养殖 2012～2016 年产值如图 4-4 所示，畜牧业总产值呈现出逐年增长的趋势。各种肉类年产值变化趋势不同，如表 4-6 所示，其中猪饲养产值涨幅较大，2016 年猪饲养产值为 453.4 亿元，占全年畜牧业总产值的 36.2%；牛羊牲畜饲养产值为 442.5 亿元，占比 35.3%；家禽饲养产值为 339.9 亿元，占比 27.1%；其他畜牧业产值为 17.0 亿元，占比 1.4%。

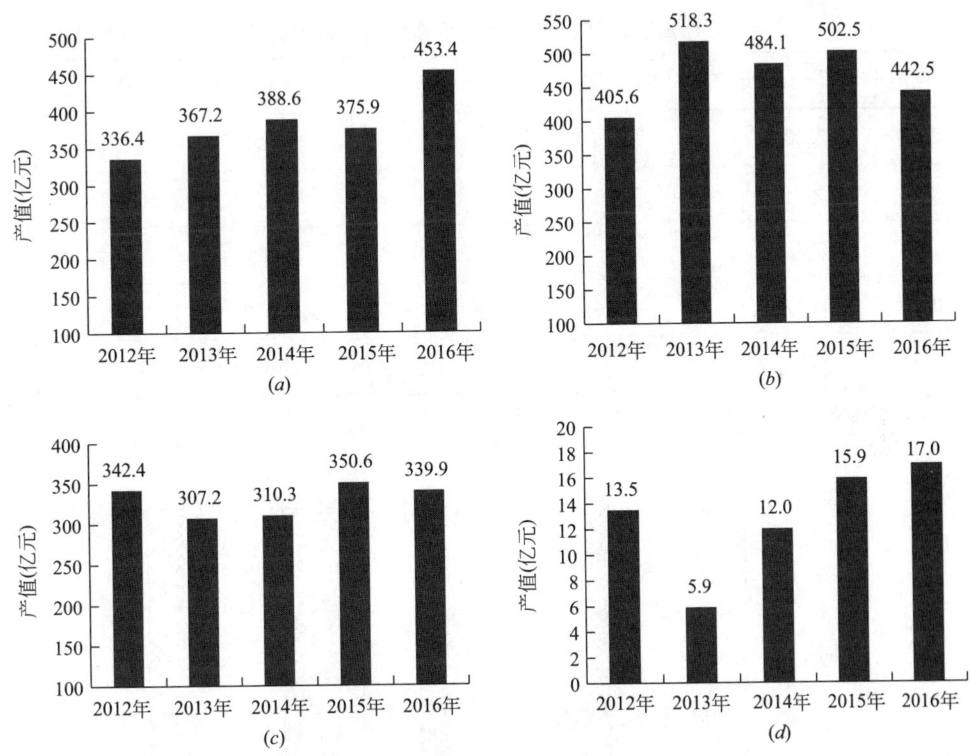

图 4-4　吉林省畜禽牧业年产值

(*a*) 猪饲养产值；(*b*) 牛羊饲养产值；(*c*) 家禽饲养产值；(*d*) 其他畜牧业饲养产值

表 4-7 和图 4-5 为吉林省 2012～2016 年农、林、牧、渔业年总产值及各行业年产值占比情况，可以看出，农业、牧业是两大主导行业。其中，牧业年产值稳中有增的趋势仅次于农业年产值，且在 2016 年畜牧业年产值达到 1252.8 亿元，占比 46%，已超过农业 45.2%的占比。

吉林省畜牧业养殖年产值情况（单位：亿元）　　表4-6

指标	2012	2013产值和增长率		2014产值和增长率		2015产值和增长率		2016产值和增长率	
猪	366.39	367.2	0.2%	388.6	5.8%	375.9	−3.3%	453.4	17.1%
牲畜	405.57	518.3	27.8%	484.1	−6.6%	502.5	3.7%	442.5	−11.9%
家禽	342.4	307.2	−10.3%	310.3	1.0%	350.6	11.5%	339.9	−3.1%
其他畜牧业	13.45	5.89	−56.2%	12.0	103.7%	15.9	24.5%	17.0	6.7%
畜牧业总产值	1130.4	1198.5	6.0%	1195	−0.3%	1244.9	4.0%	1252.8	3.0%

吉林省农、林、牧、渔业年总产值及各项占比　　表4-7

年份	总产值(亿元)	农业(%)	林业(%)	牧业(%)	渔业(%)
2012	2502.02	46.6	3.9	45.2	1.3
2013	2670.6	47.1	3.7	44.9	1.3
2014	2763.01	48.6	3.8	43.2	1.4
2015	2880.62	48.6	3.8	43.2	1.4
2016	2724.88	45.2	3.9	46.0	1.6

注：数据来自吉林省国民经济和社会发展统计公报。

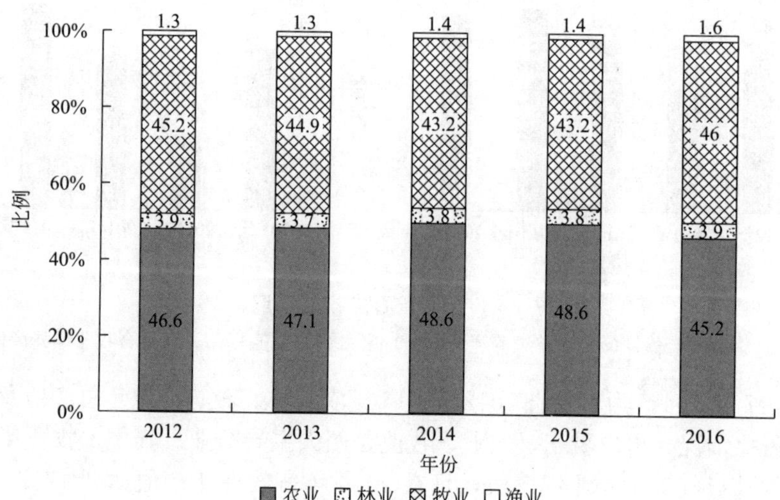

图4-5　吉林省农、林、牧、渔业年产值占比

4.2.2　畜禽肉类冷链产品加工和冷藏情况

1. 畜禽屠宰及冷加工

图 4-6 为吉林省 2012～2016 年畜禽屠宰情况，畜禽年屠宰量总体呈现上涨趋势，且在 2016 年全省畜禽屠宰量达到 4 亿头（只），同比上年增长了 8.1%。

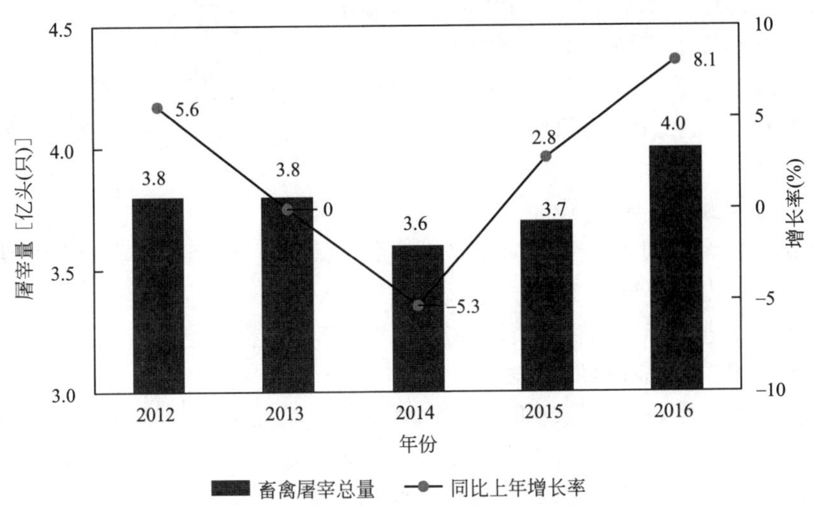

图 4-6　吉林省畜禽年屠宰总量及增长率

吉林省畜禽屠宰厂大规模屠宰加工企业较少，中小型屠宰厂企业偏多且分布较为分散。以吉林省生猪屠宰厂为例，年平均实际日屠宰量 1000 头以上为 3 家，年平均实际日屠宰量 500～1000 头为 4 家，而年平均实际日屠宰量 100～500 头的有 11 家。

图 4-7 为吉林省畜禽年出栏量和屠宰量的对比情况。畜禽年出栏量与有统计的年屠宰量差值为 0.4～0.5 亿头（只），这表明还存在着较大数量的私屠乱宰问题，也有一定量的活体畜禽输出省外。

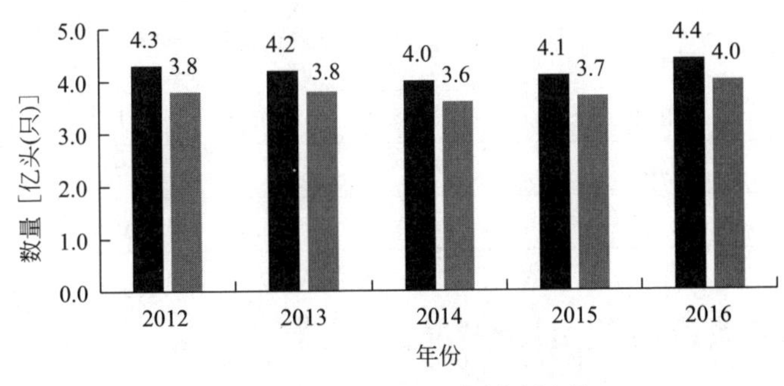

图 4-7　吉林省畜禽年出栏量及屠宰量情况

吉林省畜禽生产企业数量较多，但大多数为小型冷加工企业，其冷加工能力都很小，而全省具有一定规模的大型畜禽冷加工企业较少，调研的 3 家龙头企业畜禽产品的冷加工能力如下。

（1）长春皓月清真肉业股份有限公司

牛养殖、屠宰加工企业。屠宰情况：旺季约 300 头/d；淡季约 200 头/d。冷加工能力：速冻量 2000 t/d；冷却量 3200 t/d。

（2）吉林华正农牧业开发有限公司

猪养殖、屠宰加工企业。屠宰情况：约 110 万头/年。冷加工能力：冷却间 5 间，冷却量 1750 t/d；速冻间 12 间，速冻量 3600 t/d；冷藏间 7 间，冷藏量 4000 t。

（3）吉林德大有限公司

鸡养殖、屠宰加工企业。屠宰情况：约 5000 万只/年。鸡肉年产量为 1 亿吨。冷加工能力：速冻量 100 t/d。

上述数据进一步表明吉林省冷加工能力具有较大提升空间。

2. 畜禽肉类产品冷藏库建设

畜禽肉类产品一般贮藏在低温冷库内（−18 ℃以下），吉林省低温冷库规模如表 4-8（有一部分低温库也贮藏水产品）。全省冷库保有量约为 290 万立方米，其中低温冷藏库 103 万立方米，占比 35.5%。

吉林省低温冷库保有量（单位：m^3） **表 4-8**

区域	低温库
吉林市	92199
长春市	129693
延边州	15500
白城市	73500
白山市	654920
辽源市	21150
四平市	35200
通化市	12200
松原市	2200
总计	1036562

4.2.3 畜禽肉类冷链产品流通情况

1. 畜禽肉类产品运输

畜禽肉类从生产加工到储藏销售，需要进行冷链运输。截止到 2016 年，吉林省拥有载货汽车共计 419125 辆，冷藏汽车 789 辆，仅占载货汽车的 0.18%，远低于全国 0.3%的水平，万人冷藏车拥有量仅 0.05 辆/万人，相当于目前全国平均水平的 1/3。不足千辆的冷藏汽车分布不均，主要集中在长春市，如表 4-9 所示。

吉林省冷链产品运输冷藏车拥有量　　**表 4-9**

地区	冷藏汽车数量(辆)	地区	冷藏汽车数量(辆)
长春	415	辽源	36
延边	142	通化	60
吉林	45	白山	35
松原	1	四平	31
白城	24	—	—
总计	789		

2. 畜禽肉类产品流通

2012 年我国肉类冷链流通率为 15%，截止到 2016 年，我国肉类冷链流通率为 34%，相比于较发达国家肉禽产品 100%的冷链流通率还有很大差距。吉林省作为全国肉类产品生产大省，同样存在冷链产品流通率远远低于欧美国家的问题。

吉林省畜禽肉类产品流通情况如表 4-10 所示。从中可以看出，各市畜禽肉类产品基本在当地进行消费，且还需外省畜禽肉类产品输入到本省。在各类畜禽肉类产品中，猪肉的流通需求量最大。在长春市，猪肉国际贸易进口量为 2468 t/年，牛肉 1500 t/年，羊肉 500 t/年。

吉林省部分城市畜禽肉类产品流通量（单位：t/年）　　**表 4-10**

内容	白山市					四平市					长春市				
	猪肉	牛肉	羊肉	鸡肉	鹅肉	猪肉	牛肉	羊肉	鸡肉	鹅肉	猪肉	牛肉	羊肉	鸡肉	鹅肉
本市消费量	13000	900	180	580	360	1200	1000	560	1800	300	11786	3200	1276	8000	491
输出到外省量	—					—					—				
外省输入量	10000	600	90	300	260	1200	1000	560	1800	300	1000	1500	500	2000	—
国际贸易进口量	—					—					2468	1500	500	—	—
国际贸易出口量	—					—					—				

冷链产品流通率低是造成冷链产品腐损率高的主要因素。虽然我国肉类产品腐损率从 2012 年的 12%降低到 2016 年的 8%（见图 4-8），但是与发达国家农产品平均腐损率 5%仍然有差距。

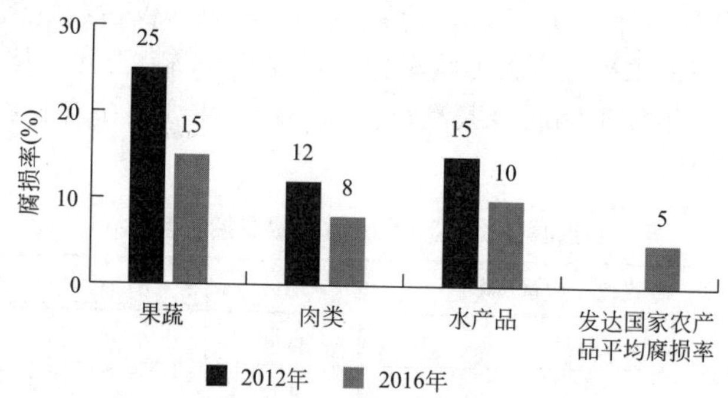

图 4-8　我国农产品冷链腐损率与发达国家对比

3. 畜禽肉类产品辐射配送情况

根据调研数据，吉林省畜禽肉类产品主要在省内流通供应，吉林省畜禽龙头企业产品辐射配送情况如下：

（1）长春皓月清真肉业股份有限公司

目前以牛肉的生鲜加工、冷冻储藏为主，其销售辐射范围以本省为主，且在北京、上海、广州均有配送。

（2）吉林华正农牧业开发有限公司

目前以猪肉的生鲜加工、冷冻储藏为主。其中 60％的产肉量以生鲜品形式向本省内 400 km 的区域辐射配送为主，以向辽宁、赤峰辐射配送为辅；40％的产肉量以冻品形式向本省及全国各地辐射配送，共配备 57 台冷藏运输车。

（3）吉林德大有限公司

现以鸡肉生鲜加工、冷冻储藏为主。鸡肉以生鲜品形式辐射配送至吉林全省以及日本、韩国，无自配冷藏车，与第三方冷链物流合作配送。

4.2.4　畜禽肉类冷链产品销售情况

1. 畜禽肉类产品批发市场经营状况

表 4-11 为吉林省批发市场（部分）畜禽肉类产品年交易量及交易额状况。从整体来看，全省批发市场规模小、辐射功能弱，全年农产品总交易额达到 10 亿元以上的畜禽肉类批发市场仅有 3 家。

吉林省畜禽肉类产品批发市场（部分）经营状况　　表 4-11

企业	畜禽肉类产品		农产品总交易额（万元/年）
	交易量(t/年)	交易额(万元/年)	
长春海吉星农产品物流有限公司	73000	365	195366
长春欧亚农产品物流园	5864.25	9708.55	36337.82

续表

企业	畜禽肉类产品		农产品总交易额（万元/年）
	交易量（t/年）	交易额（万元/年）	
延吉万源农副产品批发市场有限公司	5000	12000	35000
吉林市东北亚农产品批发市场	10000	8000	359900
长春市宽城区农贸水产大市场	28553	68787	187636
辽源佳诚	8454	5871	7356
白城市新城区农贸市场	200	2000	12400
敦化市康惠农副产品批发市场	20000	3100	65780
白山市星泰蔬菜批发市场	175	200	460
四平市金元蔬菜水果批发市场有限公司	4856	5827.2	56380.2
总计	156102	115858.2	956616

2. 畜禽肉类产品批发市场建设状况

表 4-12 为吉林省畜禽肉类产品批发市场内冷库建设情况。批发市场内用于肉类产品仓储的−18 ℃冷库库容量约 165819m^3，冷库供冷主要以氟利昂、氨制冷系统为主。

吉林省畜禽肉类产品批发市场内冷库建设状况　　表 4-12

企业	批发市场仓储设施（−18 ℃冷库）	
	库容量（m^3）	制冷系统类型
长春海吉星农产品物流有限公司	24813	氟利昂
长春欧亚农产品物流园	28506	氟利昂
延吉万源农副产品批发市场有限公司	3900	氟利昂
吉林市东北亚农产品批发市场	30000	氨
长春市宽城区农贸水产大市场	68000	氨
辽源佳诚	1200	氨
白城市新城区农贸市场	3000	—
敦化市康惠农副产品批发市场	2600	氨
白山市星泰蔬菜批发市场	1800	—
四平市金元蔬菜水果批发市场有限公司	2000	氨
总计	165819	—

在吉林省交易市场内肉禽蛋类产品销售的摊位建设情况如表4-13所示。截止到2016年，交易市场内肉禽蛋类产品摊位数1317个，占市场总摊位数的2.7%。市场交易产品总成交额略有下降，但肉禽蛋类产品成交额呈现增长趋势，肉禽蛋类成交额占比由2015年的0.82%增长到0.9%。

吉林省交易市场内肉禽蛋类摊位建设状况　　表4-13

年份	总摊位数	肉禽蛋类摊位数	占比(%)	总成交额(亿元)	肉禽蛋类成交额(亿元)	占比(%)
2012	—	—	—	—	—	—
2013	—	—	—	—	—	—
2014	50745	1426	2.81	708.34	5.89	0.83
2015	48878	1279	2.62	668.62	5.52	0.82
2016	48860	1317	2.70	656.07	5.90	0.90

3. 批发零售贸易业生产状况

表4-14为吉林省2012～2016年农、林、牧业商品购进、销售情况。从表中可以看出，批发为商品销售的主要方式，而在商品批发过程中，出口销售额仅占批发销售额的1%左右。

吉林省批发零售贸易业商品购进、销售、库存总额
(农、林、牧产品类)(单位：亿元)　　表4-14

年份	购进	进口	批发	出口	零售	年末库存
2012	276.7803	34.8293	227.5897	2.4672	37.7406	85.0996
2013	363.7692	36.9424	249.8350	3.7666	67.2017	128.5837
2014	364.0571	4.6827	211.0156	0.7572	68.1405	248.3227
2015	341.7838	—	192.0008	3.5594	80.2109	276.6271
2016	353.4737	0.3065	219.9273	3.6341	89.4093	327.4505

4.2.5 畜禽肉类冷链产品消费情况

1. 吉林省各市人口数量

表4-15为吉林省城镇及农村常住人口数量情况。截止到2016年，全省总人口数2733.03万人，5年时间全省总人口数量维持稳定。

吉林省城镇及农村常住人口数量（单位：万人）　　表 4-15

年份	城镇	农村	合计
2012	1476.96	1273.44	2750.40
2013	1491.19	1260.09	2751.28
2014	1508.58	1243.80	2752.38
2015	1522.9	1230.4	2753.3
2016	1529.68	1203.35	2733.03

2. 吉林省居民生活水平

表 4-16 为吉林省城镇及农村居民家庭生活水平状况。2012～2016 年，城镇、农村居民家庭恩格尔系数分别下降 5.7%和 8.1%，且从图 4-9 可以看出农村居民家庭恩格尔系数逐年下降的速率比城镇的快，反映出吉林省居民生活水平有显著提高。

吉林省城镇及农村居民家庭恩格尔系数　　表 4-16

年份	城镇居民家庭恩格尔系数(%)	农村居民家庭恩格尔系数(%)
2012	31.7	36.7
2013	29.2	33.0
2014	26.1	29.6
2015	25.8	29.0
2016	26.0	28.6

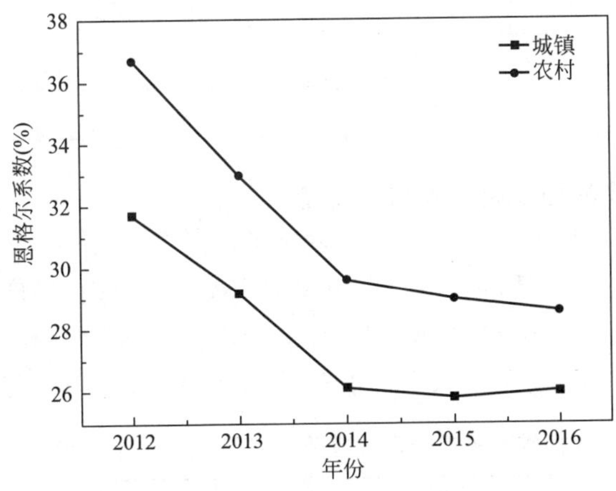

图 4-9　2012～2016 年吉林省城镇及农村居民家庭恩格尔系数变化情况

表 4-17 为吉林省城镇及农村居民家庭购买畜禽肉类产品的年支出情况。从

中可以看出，全省居民畜禽肉类产品购买人均消费支出额逐年上涨，城镇居民畜禽肉类产品的人均消费支出额约是农村的 1.6 倍。

吉林省城镇及农村居民家庭人均消费支出

（购买畜禽肉类产品）（单位：元） **表 4-17**

年份	肉类		禽类	
	城镇	农村	城镇	农村
2012	—	—	—	—
2013	—	—	—	—
2014	656.90	408.38	94.85	50.23
2015	664.08	397.71	90.33	57.94
2016	760.92	465.78	106.76	70.87

表 4-18 为吉林省居民生活消费价格指数（肉禽及其制品类）。2012～2016 年，全省肉禽及其制品的价格指数有所增长，2016 年比 2012 年的价格指数上涨了 7.1，其中，城市与农村居民生活消费价格指数相对持平，价格指数可以从侧面反映出全省居民实际生活费用支出逐年增加。

吉林省居民生活消费价格指数（肉禽及其制品类）（上年＝100） 表 4-18

年份	全省	城市	农村
2012	103.7	105.1	99.6
2013	107.9	107.4	109.1
2014	100.6	100.5	101.0
2015	104.7	104.8	104.3
2016	110.8	109.9	115.1

3. 畜禽肉类产品城乡居民人均购买量

表 4-19 为吉林省 2012～2016 年畜禽肉类产品零售价格指数变化情况。纵观 5 年时间，全省肉类产品零售价格指数整体呈现上升趋势，且从 2014 年开始，该价格指数逐年增长，全省 2016 年比 2014 年肉类产品零售价格指数上涨了 8.8。该指数直接影响到城乡居民的生活支出，影响居民购买力和市场供需平衡。

吉林省畜禽肉类产品零售价格指数（上年＝100） 表 4-19

年份	全省	城市	农村
2012	104.0	104.4	100.8
2013	107.0	106.8	108.7

续表

年份	全省	城市	农村
2014	100.3	100.1	101.6
2015	104.9	105.1	103.3
2016	109.1	109.3	107.5

表 4-20 为吉林省畜禽肉类农产品生产价格指数情况。其中，猪生产价格指数由 2012 年的 89.2 到 2016 年的 123.8，5 年时间增长了 34.6；牛、羊生产价格指数 2016 年比 2012 年分别下降了 23.4、22.7；家禽生产价格指数相对稳定。该指数可以客观反映在这一时期内，农产品生产者出售农产品价格水平的变动趋势。吉林省 2012～2016 年猪、牛、羊及家禽肉类产品生产价格指数的变化趋势如图 4-10 所示。

吉林省畜禽肉类农产品生产价格指数（上年＝100）　　表 4-20

年份	猪(毛重)	牛(毛重)	羊(毛重)	家禽(毛重)
2012	89.2	118.8	118.6	95.0
2013	99.4	119.9	109.3	103.7
2014	89.5	109.5	94.0	101.4
2015	110.8	96.6	82.5	97.4
2016	123.8	95.4	95.9	95.7

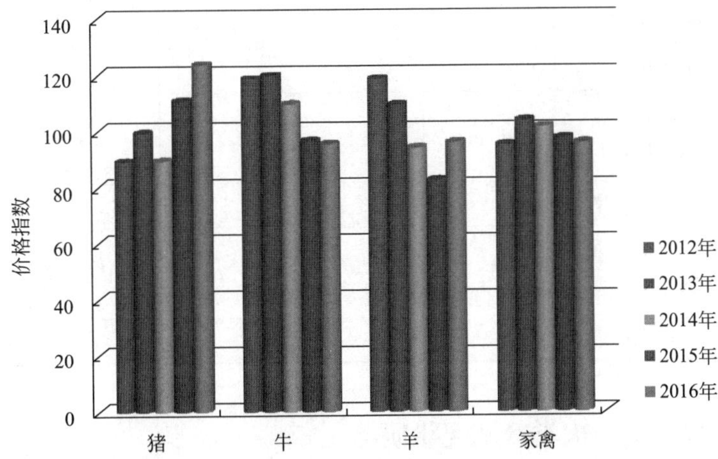

图 4-10　2012～2016 年吉林省畜禽肉类农产品生产价格指数

注：图中色柱从左到右依次为 2012～2016 年。

表4-21为吉林省畜禽肉类产品城镇购买量及农村消费量情况。从中可以看出，猪肉的人均消费情况高于其他畜禽肉类产品，从2015年起，畜禽肉类产品人均年消费量快速增长。

吉林省畜禽肉类冷链产品人均消费情况　　表4-21

品种	指标	2012年	2013年	2014年	2015年	2016年
猪肉	城镇消费量[kg/(人·年)]	14.87	15.45	15.13	14.08	14.42
	城镇增长率	5.8%	3.9%	−2.1%	−6.9%	2.4%
	农村消费量[kg/(人·年)]	12.92	13.03	11.96	11.67	13.9
	农村增长率	5.8%	0.9%	−8.2%	−2.4%	16.0%
牛肉	城镇消费量[kg/(人·年)]	3.32	2.64	2.31	2.54	3.11
	城镇增长率	−11.9%	−20.5%	−0.01%	9.1%	18.3%
	农村消费量[kg/(人·年)]	—	—	0.46	0.63	0.84
	农村增长率	—	—	—	37%	25.0%
羊肉	城镇消费量[kg/(人·年)]	0.88	0.73	0.69	0.96	1.35
	城镇增长率	—	−17.0%	−5.5%	28.1%	28.9%
	农村消费量[kg/(人·年)]	—	—	0.11	0.25	0.53
	农村增长率	—	—	—	127.3%	52.8%
家禽	城镇消费量[kg/(人·年)]	5.46	4.16	4.18	3.9	4.8
	城镇增长率	—	−23.8%	0.5%	6.7%	18.8%
	农村消费量[kg/(人·年)]	—	—	1.72	1.81	4.69
	农村增长率	—	—	—	5.2%	61.4%

4.2.6 吉林省畜禽肉类冷链现状展示

吉林省畜禽肉冷链物流发展相对于国内沿海区域处于落后阶段，但是在发展过程中，既有一些规范、优秀、具有代表性的企业做到了国内领先（见图 4-11），也有一些企业违规运行（见图 4-12），影响了吉林省畜禽肉冷链物流的发展。

制冷机房

出货站台

开启式穿堂

(*a*)

制冷机房

无缝对接站台

降温穿堂

冷却间

(*b*)

图 4-11　大型规范企业展示（一）

（*a*）长春皓月清真肉业股份有限公司；（*b*）吉林华正农牧业开发股份有限公司

制冷机房　无缝对接站台

冻品冷藏间　严格卫生标准(冷鲜肉分割间)

(*c*)

效果图　包装间

预冷间　分割间

(*d*)

图 4-11　大型规范企业展示（二）

(*c*) 吉林德大有限公司；(*d*) 吉林正大有限公司

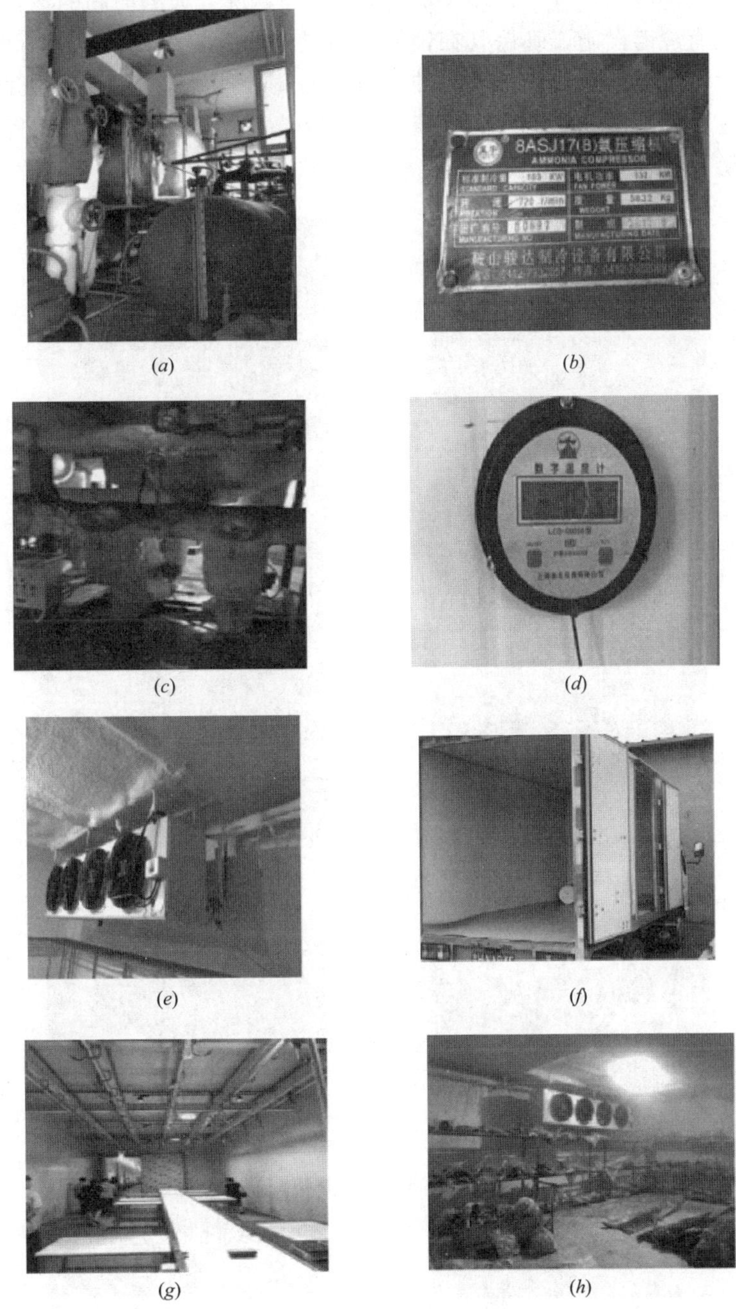

图 4-12　不规范企业展示

（a）氨制冷机房管理混乱；（b）制冷设备老旧；（c）管道、阀门老旧；（d）库内温度不达标；（e）冷风机无接水盘；（f）无制冷货车；（g）简陋肉品加工间；（h）库房货物堆放混乱吉林省畜禽产品批发零售环节主要呈现以下状况：大型商超的熟食品、生鲜肉、冻肉均有冷链设施，确保其在销售环节具有适宜的温度，以保障食品品质；在农产品批发市场以及早市，大量的生鲜肉品无冷藏设施，且存在脏乱的现状。部分的优秀商超冷链（见图 4-13）掩盖不住吉林省畜禽肉类产品在销售环节存在严重“断链”问题（见图 4-14）。

长春皓月熟食　　吉林正大鸡冷鲜肉

吉林华正猪冷鲜肉　　长春阿满熟食

(*a*)

长春皓月牛冷鲜肉　　吉林华正猪冷鲜肉

(*b*)

图 4-13　优秀商超展示（一）

(*a*) 长春市朝阳区欧亚商都超市（高等商超）；(*b*) 长春市朝阳区繁荣商场（中等商超）

吉林正大鸡冷鲜肉

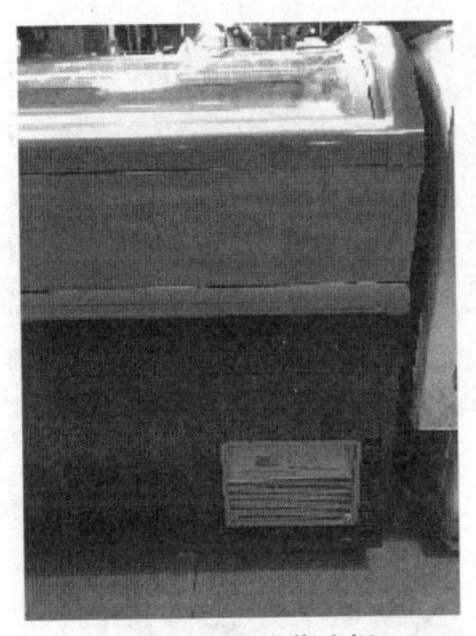

-18℃冻肉贮藏冷柜

(*b*)

图 4-13　优秀商超展示（二）

（*b*）长春市朝阳区繁荣商场（中等商超）

批发市场冻肉区

批发市场鲜肉区

切割处理

鲜肉批发

(*a*)

图 4-14　肉类销售“断链”实例（一）

（*a*）长春市绿园区蔬菜粮油肉禽批发市场

猪鲜肉零售

华正猪鲜肉零售

鸡鲜肉零售

牛鲜肉零售

(*b*)

图 4-14 肉类销售“断链”实例（二）

（*b*）长春市绿园区泰来街早市

4.3 吉林省畜禽肉类冷链物流存在问题

4.3.1 冷链物流认识不足

在畜禽肉类冷链市场的发展中，提高冷链物流企业、销售方、消费者的冷链物流意识是至关重要的。无论是使他们接受冷链、重视冷链，还是发展冷链，深刻的冷链物流意识都是其付诸行动的重要内因。人们对冷链意识的高低必将影响冷链物流的发展前景。

从吉林省冷链市场的各主体来看，冷链物流企业越来越重视开发冷链业务空间，扩大相应的冷链设施建设，但是一些商贩企业和个体商贩对冷链的增值意识认识不够，很多商家为了降低畜禽肉类产品在流通领域的成本，不选择冷链物流而选择传统物流方式，甚至在销售点也没有使用相应的冷藏柜或冰箱。结果无形中减少了肉制品的存储周期，还降低了产品质量，最后不得不降价处理甚至腐败扔掉。看似避开了高成本的冷链物流，但实际上造成了更大的浪费。这种舍本逐末的冷链意识严重影响了冷链的发展。

同时，处在冷链终端的消费者中很大一部分人群的冷链意识较低。大多数人还保留着逛早市、去市场购买热鲜肉的习惯，很少去具有高水平冷链服务的大超市购买。在热鲜肉和冷鲜肉选择时，大多数人会选择价格较低的热鲜肉，这种对冷鲜肉认识的缺失也影响了冷链的发展。可以看出吉林省的整体冷链意识低制约了畜禽肉类冷链物流的发展。

4.3.2 冷库容量偏低

冷藏存储是畜禽肉类冷链物流中很重要的环节。冷库作为最主要的冷藏存储设施，吉林省的冷库保有量约290万立方米，以吉林省常住人口2733万人计算，人均冷库拥有量为0.106 m^3，低于国内平均水平，和国内发达城市还存有很大差距。冷库的总量偏低，必然导致冷链物流能力的不足，进而会影响畜禽肉类冷链物流的全面发展。作为全国畜禽肉类产品生产大省，冷库容量不足亟需尽快解决。

4.3.3 冷加工能力不足

据目前统计，吉林省小规模畜禽肉类产品冷加工企业很多，具有一定规模的大型企业不足5家。大多数企业由于投产运营年限较长，设备老旧，且设备在技术应用上多为传统工艺设计，导致部分物流企业对畜禽肉类产品的冷加工能力远远低于其设计能力。主要表现在畜禽肉类产品冷处理、低温环境下的分等分级、包装加工等商品化处理环节的技术尚不完善。另外，从全省有统计的畜禽年出栏量与年屠宰量的差值可以看出，每年有0.4～0.5亿头（只）的畜禽活体被私屠乱宰或是输出省外，这也可以从侧面反映出本省畜禽企业冷加工能力尚有不足，从源头上阻碍了畜禽肉类冷链物流的发展和进步。

4.3.4 运输水平落后

吉林省在冷藏运输车方面，主要包括铁路冷藏车和公路冷藏车，且以公路冷藏车运输为主。据统计，全国冷藏车总量约13.4万辆，冷藏车占货运汽车的比例为0.3%左右，而吉林省公路冷藏运输车仅占货物运输车的0.18%，远低于全国平均水平。据了解，吉林省冷藏运输车不仅是数量上不去，就目前的情况看，运输车的质量也有待提高。吉林省标准的保鲜冷链车并不多，配备专业温度控制设备的也很少，而且很大一部分仍在使用一些落后的制冷工艺和技术，甚至出现“冰块＋棉被”的伪链现象，难以保证各类生鲜品处于各自适宜的低温环境。

吉林省内大部分是设备陈旧的中小冷链企业，有较好综合实力的冷链服务商为数不多。运输过程的“断链”严重制约了畜禽肉类冷链的完善。

4.3.5 管理不到位

在国家大力发展冷链物流政策支持下，全国都在努力发展冷链物流技术。同时国家也多次出台政策、法规对冷链物流企业进行规范化监督和管理。但是，在实际调研中，一些不规范的管理现象频出。例如吉林省某农产品批发市场，其地下冷库存在着积水严重等脏乱差的环境，极易造成食品的腐烂变质。更有部分物流冷库企业存在氨制冷机房锁门、无人值守的问题，甚至在管理人员沟通后更换钥匙依然无法打开机房大门的问题。这些不规范的管理势必阻碍吉林省畜禽肉类冷链物流的健康发展。

第5章　吉林省水产品冷链现状

5.1　吉林省水产品概况

5.1.1　我国渔业形势

随着2016年《全国渔业发展第十三个五年规划》的发布，我国渔业系统结构发生了重大调整，明确“以养为主，养殖、捕捞、加工相结合”方针，使渔业持续健康发展。据统计，全国水产品产量由2012年的5907.68万吨增长到2016年的6901.25万吨，增长16.82%。水产品进出口贸易快速增长，2013年水产品出口额首次突破200亿美元。随着国内促进外贸政策措施效果逐步显现，以及渔业转方式、调结构和供给侧结构改革政策的深入推进，我国水产品出口竞争力将有所增强。

5.1.2　吉林省渔业发展概况

“十二五”时期，吉林省积极响应国家号召，渔业经济保持平稳较快发展，渔业综合实力不断增强。2012～2016年的渔业发展情况如表5-1所示。

渔业发展数据　　表5-1

年份	2012	2013	2014	2015	2016
国家渔业总产值(亿元)	8403.91	9254.48	9877.54	10339.09	10892.92
吉林省农林牧渔业总产值(亿元)	2181.92	2276.40	2302.04	2292.97	2167.89
吉林省渔业总产值(亿元)	29.78	31.32	33.43	31.77	40.25
吉林省渔业总产值指数(上年=100)(%)	107.3	105.2	106.7	95.0	126.7
占国家渔业总产值比重	0.35%	0.34%	0.34%	0.31%	0.37%
占吉林省农林牧渔总产值比重	1.36%	1.38%	1.45%	1.39%	1.86%
吉林省渔业增加值(亿元)	402.3	22.5	24.5	24.6	—

表5-1显示吉林省渔业总产值总体呈现上升趋势，占吉林省农林牧渔总产值的比重总体上逐年增加，占国家渔业总产值的比重基本稳定，渔业发展态势良好。其中吉林省渔业年总产值和增长率如图5-1所示，从图中可以看出，吉林省渔业年总产值呈现逐年增长趋势，除2015年以外，同比增长率均可以达到5%以上。

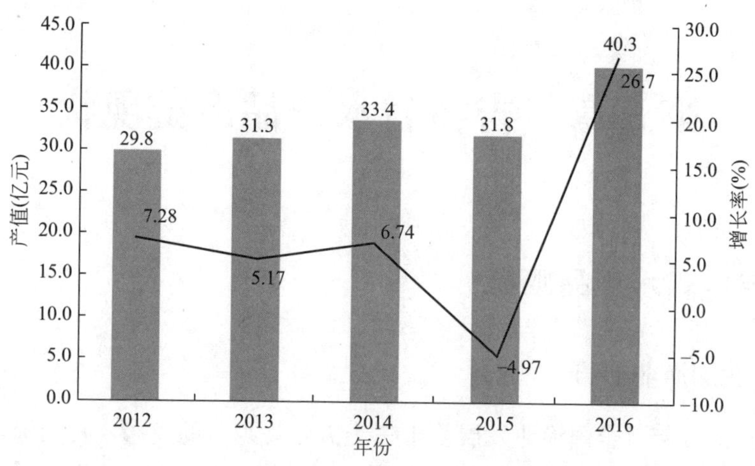

图 5-1　吉林省渔业年总产值和增长率

在“十三五”规划中，产业结构进一步优化，渔业发展方式加快转变。自然水域捕捞强度基本得到控制。目前养殖鱼类品种全面丰富，先后引进美洲红点鲑、欧洲丁桂、黄河鲤鱼等新品种 10 余种，驯化繁育鸭绿江野鲤、斑鳜、细鳞鱼、鸭绿江茴鱼等土著鱼类 10 余种，新品种引进推广成效显著，获得养殖户和消费市场认可。全省仅稻田、泡塘养蟹累计推广面积就达到 50 余万亩，累计产蟹 4000 多吨。产业加快转型升级，水产品加工业突飞猛进发展，仅珲春市就有海产品贸易企业 83 家，加工企业 41 家，2014 年进口各类海产品 18 万吨，其中加工出口 12 万吨，以鲜活形式转口国内一线城市 6 万吨，全省渔业二、三产业产值近 60 亿元，占渔业总产值的比重达到 65%。

5.1.3　吉林省水产品产量

2016 年全省水产品产量 20.07 万吨，全国水产品产量 6379.48 万吨，占全国水产品总产量的 0.31%，如表 5-2 所示。根据国家统计局数据分析，吉林省水产品产量在全国水产品产量的占比基本稳定。与水产大省山东省 2016 年水产品产量 950.19 万吨和全国占比 13.8%相比，提升空间巨大。

吉林省水产品产量　　**表 5-2**

年份	2012	2013	2014	2015	2016
吉林省水产品产量(万吨)	18.21	18.58	19.01	19.52	20.07
全国水产品产量(万吨)	5481.85	5721.72	5975.83	6182.87	6379.48
占比	0.33%	0.32%	0.32%	0.32%	0.31%

吉林省水产品年产量和增长率如图 5-2 所示，水产品年总产值呈现逐年增长趋势，同比增长率均可以达到 2%以上。

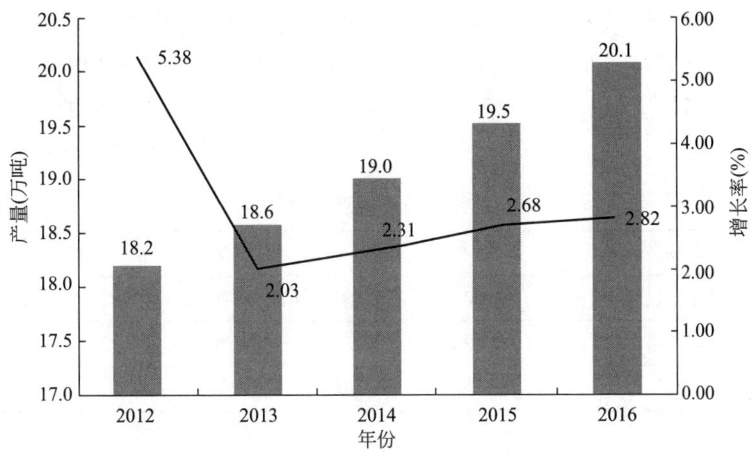

图 5-2　吉林省水产品年总产量

如表 5-3 和图 5-3 所示水产品按照捕捞和养殖分类产量和占比所示，全省水产品养殖产量从 2012 年的约 16 万吨到 2016 年的约 18 万吨，在水产品总产量中占比逐年提高，水产品捕捞产量占水产品总产量占比逐年降低，这表明吉林省响应国家推行的以养殖为主、捕捞为辅的渔业发展政策，减少水产品捕捞产量，加强生态保护。

水产品按照养殖和捕捞分类产量表　　**表 5-3**

年份	2012	2013	2014	2015	2016
水产品产量(万吨)	18.21	18.58	19.01	19.52	20.07
捕捞产量(万吨)	2.01	2.09	2.07	1.97	1.95
养殖产量(万吨)	16.20	16.50	16.95	17.55	18.12

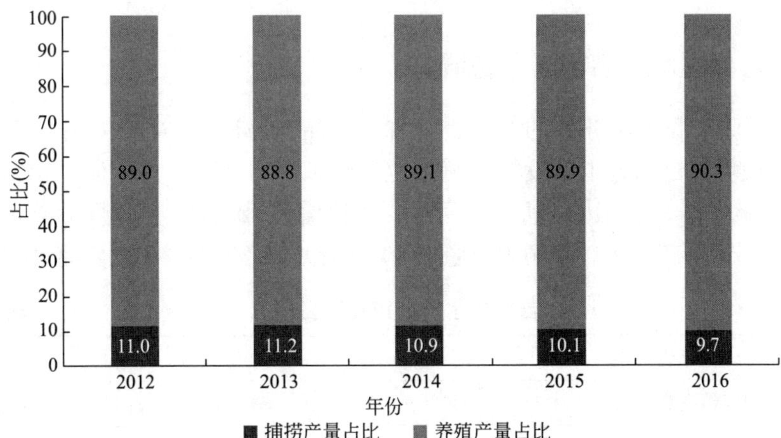

图 5-3　吉林省水产品按照养殖和捕捞分类产量占比

水产品不同种类产量如表 5-4 所示，其中 2016 年鱼类产量 19.75 万吨、虾蟹类产量 0.28 万吨，贝类产量 0.04 万吨。鱼类和虾蟹类产量呈现出逐年增加的趋势，贝类产量先升后降。水产品不同种类产量在水产品总产量的占比如图 5-4 所示。

水产品种类产量表　　表 5-4

年份	2012	2013	2014	2015	2016
鱼类产量(t)	180529.00	183733.00	187606.00	192398.00	197492.00
虾蟹类产量(t)	1284.00	1535.00	2024.00	2352.00	2812.00
贝类产量(t)	262.00	493.00	490.00	450.00	379.00

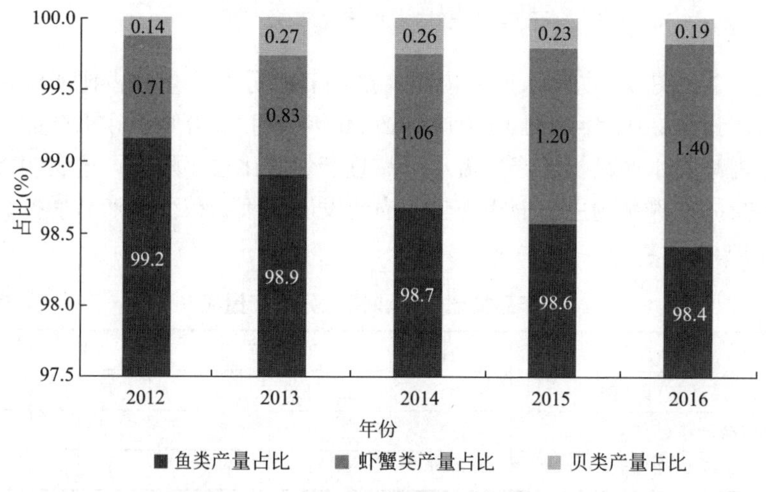

图 5-4　水产品不同种类产量占比

5.1.4　吉林省水产品市场交易情况

表 5-5 为来源于商务部的关于吉林省水产品交易市场 2016～2017 年的数据。由于地处边境，吉林省主动发挥边境区位优势和成本优势，加工贸易出口稳步增长。2016 年全省水产品出口量 4.83 万吨，同比增长 12.8%，占全国水产品出口总量的 1.14%，水产品出口金额 1.5 亿美元，同比增长 20.03%，外贸前景广阔。

吉林省水产品市场交易情况　　表 5-5

年份	2016	2017	同比
经销商数(个)	897	837	−6.69%
从业人数(人)	20000	20000	0%

续表

年份	2016	2017	同比
水产品年成交量(万吨)	20.2	32.9	62.87%
水产品年成交额(万元)	64.5	75.9	17.67%
市场经营总面积(m^2)	120601.5	120601.5	0%
其中:交易厅棚面积(m^2)	120601.5	120601.5	0%
露天交易市场面积(m^2)	0	0	0%
总摊位数量(个)	1305	1313	0.61%
冷库容量(t)	25000	25000	0%
冷库总面积(m^2)	36350.3	36350.3	0%

5.2　吉林省水产品冷链现状

吉林省冷库总体容量为 290 万 m^3，其中水产品占总储量的 20%。吉林省水产品冷链主要应用在水产品来料加工和进出口贸易中，而水产品加工贸易行业主要集中在吉林省珲春市。

5.2.1　水产品冷链发展突出城市——珲春市

珲春市位于中俄朝三国交界，近海不靠海，是一座传统意义上的内陆城市，但是无论是毗邻的俄罗斯、朝鲜，还是隔海相望的韩国、日本，都拥有十分丰富的海洋水产品资源。珲春市周边海域正是俄罗斯和朝鲜的海产品捕捞区，年均捕捞量 400 多万吨，几乎都是野生海鲜，天然无污染，资源条件得天独厚，为珲春市开展水产品贸易提供了优异的外部条件。近年来珲春市经营水产品进口、加工、再出口，加工贸易从无到有，吸引了大连、青岛和烟台等地的水产加工企业和贸易企业纷纷来此落脚，还成功地引进了一批外资企业落户，带动了当地劳动力市场和经济繁荣。

珲春市作为特殊经济区依靠自身的区位优势、资源优势、政策优势，是“一带一路”向北的新起点，面向东北亚的新门户，在“十三五”规划中坚持打造吉林省县区经济特色的特殊经济区，在吉林省冷链物流发展中扮演着重要角色。

5.2.2　珲春市物流园区冷链发展现状

2012 年开始在珲春建立国际物流园区，发展至今已经初具规模，园区实际完成投资总额 16.3 亿元，2017 年区内货物吞吐量完成约 255.6 万吨，物流园区的建立为水产品冷链发展提供了高标准的物流基础。关于冷链物流发展，这里介绍三家代表性的物流企业。

（1）珲春浦项现代国际物流园：由浦项建设株式会社、现代商船株式会社等6家韩资企业投资建设，总投资1.8亿美元，总占地面积150万m^2，建筑面积46万m^2，计划年货物吞吐量500万吨。一期工程已投入运营，冷藏、冷冻、常温仓库利用率达40%。截至目前，二期建设主体工程已完工，包括6个仓库、2个堆场及其他附属设施，部分设施已投入运行。

（2）珲春天道物流中心（珲春国际合作区示范区通关服务中心）：一期包括货物堆场、低（恒）温仓库、营业用房及辅助设施，主要服务于长吉图区域窗口和腹地间货物运输、中转、分拨、仓储等；二期主要建设珲春国际合作示范通关服务中心，重点打造集物流仓库、报关检验、检测查验、展示交易、信息服务于一体的外贸公共服务平台。目前，可以承接货物运输、仓储、进出口业务及物流设施建设、开发、租赁、销售、运营、管理等业务。珲春国际合作区示范区通关中心已投入使用，成功搭建了集物流仓储、报关检测、检测查验、信息服务为一体的“一站式”服务平台。

（3）延边顺通物流有限公司：主要经营仓储、空车配货、货物中转、冷库等项目，仓储占地面积8135m^2，恒温库36000m^3，冷冻库13000m^3，超低温冷库400m^3。

5.2.3 珲春市水产品加工企业冷链发展现状

中国水产流通与加工协会副会长崔和表示，珲春水产业在国内市场占有重要的一席之地，在水产品加工行业中异军突起，借助区位港口优势吸引了来自大连、烟台等知名企业北上，同时引起了来自全国15个省市的100多家知名水产流通加工企业的关注。

水产品加工业也带动了包装、冷链物流等相关产业发展，珲春的水产品行业将成为新的支柱性产业。珲春市水产企业经过近几年的飞速发展，已形成以洪昊工贸、东扬水产、大宸水产、东鹏工贸、盛海工贸、兴阳水产等龙头企业为代表的水产加工企业园区，投资主体大部分来自环渤海经济圈较大的水产加工企业，产品约半数出口世界50多个国家，半数供应国内日益增长的消费市场需求。

1. 水产园区基本概况

水产龙头企业均在朝鲜设有加工厂，在水产品捕捞季节在朝鲜大量收购原料，冷链运输到珲春贮藏，以供应全年加工厂料需求；部分产品加工时运回朝鲜初加工，复运珲春出口加工区进一步加工，出口产品大部分经大连出口。

截至2017年年底，纳入园区管理企业29个，其中规模以上企业10个，园区就业人数为2344人，分布于合作区5、13、14、15、27号小区。

2. 水产园区现有主要企业概况

（1）珲春东扬实业有限公司：成立于2010年，2012年9月30日正式投产。位于合作示范区13号小区，占地面积3万m^2，注册资本201万美元，总投资12000万元。是一家集水产品进口加工、销售、水产品冷藏储运及运输等综合水产加工企业。目前，珲春东扬实业有限公司拥有三条欧洲标准的水产品加工生产线，年加工水产品2万吨。2016年，公司产值4.87亿元，销售收入4.87亿元。

冷库、冷藏车情况：−30℃冷库，年储藏能力4万吨；2台冷藏车，总运输量为50t/日。

（2）珲春洪昊食品工贸有限公司：产品在国际和国内市场已经形成了稳定的销售渠道和物流网络。年加工水产品20000t，年需海产原料20000t。2016年，公司产值3.55亿元，销售收入3.52亿元。

冷库、冷藏车情况：−25℃冷库，年储藏能力3万吨；5台冷藏车，总运输量为200t/日。

（3）延边盛海工贸有限公司：拥有6条年加工10000t的国内先进的生产线，6000t的冷藏库及日速冻能力20t的单冻机组等先进的机器设备。公司主要以朝鲜的绿色水产品为加工原料，生产出来的干鱿鱼、速冻鱿鱼筒、鱿鱼圈、鱿鱼花等畅销国内及东北亚、东南亚地区。2016年，公司产值3.39亿元，销售收入3.85亿元。

冷库、冷藏车情况：−21℃冷库，年储藏能力1万吨；2台冷藏车，总运输量为50t/日。

（4）烟台大宸珲春水产有限公司：集−25℃万吨（保税）冷库、HACCP认证加工车间组成水产加工、冷链物流为一体的完整产业链。公司检测设备齐全，采用冷冻、干燥、调理等多种工艺，加工鳕鱼、马哈鱼、鱿鱼、蟹、虾、贝多种产品，原材料多由朝鲜进口，经加工销往韩国、日本、欧洲等国家和地区。2016年，公司产值3.6亿元，销售收入2.52亿元。

冷库、冷藏车情况：−23℃冷库，年储藏能力1万吨；无冷藏车，长期与珲春吉祥与纵横等物流公司合作。

（5）珲春兴阳水产有限公司：形成集水产品进出口、加工、销售为一体的现代化水产产业链。主要产品为真鳕、狭鱼、三文鱼、雪蟹、鱿鱼以及各种贝类等。其中，年产真鳕20000t、年产狭鳕25000t。水产品原料主要从俄罗斯、挪威、美国、加拿大等多国进口，成品将销往俄罗斯、日本、加拿大、巴西、韩国、美国、欧洲以及中东各国。2016年，公司产值2.21亿元，销售收入2.13亿元。

冷库、冷藏车情况：−21℃冷库，年储藏能力1万吨；无冷藏车，长期与珲春振林与延吉一冷链公司合作。

5.3 吉林省水产品冷链物流存在的问题

5.3.1 水产品总产量偏低

目前吉林省水产品产量占全国水产品产量的0.29%，占比低。而水产大省山东省水产品产量占全国水产品产量的13.8%，是吉林省水产品产量的47.6倍，吉林省同水产大省相比，水产品产量很低。

5.3.2 水产品加工行业起步较晚

吉林省水产品加工企业主要是近几年快速发展的，外来水产品加工企业较多，主要来自大连、烟台等拥有先进水产加工工艺和技术的沿海城市。由于起步晚，冷链在近几年刚刚得到迅速发展，与冷链发展先进的沿海城市在发展规模和行业水平上均有差距。

5.3.3 水产品冷链加工企业群集规模较小

目前吉林省水产品加工企业主要集中在珲春市，虽然珲春市拥有海产品贸易企业83家、加工企业41家，但是同水产品加工密集型产业的沿海城市相比，在同样占据区位优势的前提下，水产品冷链加工企业相对较少，不能形成规模化。

5.3.4 水产品品牌影响力不足

虽然吉林省目前正在推进“三品一标”政策，制定“十三五绿色食品发展规划”，形成了“查干湖有机胖头鱼”、“三花一岛”等品牌，但是知名品牌数量少、影响力不足，针对冷水鱼、细鳞鱼等优质水产品品牌尚存空缺，对于其他水产品知名品牌的培育还不够，从而影响水产品销量和产值。

5.3.5 水产品冷链宣传和交流不足

虽然近几年吉林省已大力举办水产品加工行业会议、冷链行业会议等，为生产商、流通商、加工商，以及国内外同行提供了交流平台，但是交流频次依然较低。特别是在当前大数据时代背景下，收集信息较多、处理分析方法较少，未建立有效的互通机制，未能在新一轮的东北振兴中发挥应有作用。珲春市在发展水产品加工和贸易方面在东北亚具有的独特区位优势未得到同行广泛了解，针对吉林省出台的关于水产品企业的发展优惠政策的宣传力度不够大，中俄、中朝边境水产贸易的广度和深度仍需拓展。

第6章　吉林省特色农产品冷链现状

6.1　特色农产品概况

特色农产品的概念是伴随着我国农业经济发展的新阶段应运而生的，是指具有独特的资源条件、明显的区域特征、特殊的产品品质和特定的消费市场的农业产业。吉林省具有丰富的土地资源，是我国的农业生产大省，发展吉林省特色农业是实现全省农业增效、农民增收和促进全省农业结构优化的重要途径之一。在吉林省的各个区域中，农业产业的发展模式不能千篇一律，如果盲目地推行某一种成功的发展模式，而不考虑各区域的自然环境和社会经济环境的特征及现状，不仅不能很好地发展特色农业产业，而且会造成资源浪费与生态环境的破坏。因此加强吉林省特色农业产业合理区划，促进资源的优化配置，针对不同区域的实际情况提出相应的特色农业发展模式，实现社会、经济、环境的协调发展，对于发展吉林省特色农业具有重要的作用。

6.1.1　特色农产品分类

吉林省在注重粮食生产的同时，近年来开始重视发展特色农业。以长白县为例，当地政府落实了“政府引导、农民参保、财政补贴、理赔透明、农民受益”的发展模式，实现了当地特色种植和养殖结构的整体改善，并且在野鸡养殖、獭兔养殖、濒危野生东北红豆杉树种植保护工程、野菜采集保护养殖基地、生态观光采摘园等具体发展成果的支撑下，长白县农业实现了长足进步。

吉林省位于我国东北地区的中部，有明显的四季更替，为多种经济价值较高的动物和植物提供了良好的生长环境。因此，这里特色农产品种类多样，品质优良，按照特色农产品地域分布的情况，可以将吉林省特色农产品分为东部产品、中部产品和西部产品。

1. 东部山区特色农产品

吉林省山地资源丰富，是中国六大林区之一，尤以长白山区野生动植物资源为最，是享誉全国的“东北三宝”——人参、貂皮、鹿茸的盛产地。灵芝、天麻、北芪及松茸、木耳、金针菇、松子仁、猴头蘑、林蛙油等都在国内外很有影响。以种植规模最大、发展最为迅速的人参产业为例，全球人参市场每年总产量约1万吨，其中我国年产量在7000t左右，占全球的70%～80%，吉林省人参产量占全国的70%～80%，主要有新开河人参、皇封参、长白山人参、久盛唐等品牌。此外，吉林省是长白山林蛙的主产区，林蛙资源分布在蛟河、桦甸、敦化等23个市县，产品远销韩国、日本等东南亚国家及地区。吉林省的食用菌栽培近年来发展迅猛，已成为吉林省区域农村经济的一项重要产业，产品在国际国内市场上长盛不衰，初步形成了公司加基地、协会加农户等产业化生产方式。

2. 中部特色农产品

吉林省中部地区土质肥沃，适合各种农作物的生长。特别适宜种植粮豆、油料、甜菜、烟、麻、薯类等各种作物。同时，这里又是梅花鹿的产地，梅花鹿的鹿茸被誉为“东北三宝”之一，具有很高的药用价值和经济价值，长春市双阳区被誉为“梅花鹿”之乡。吉林省梅花鹿养殖规模较大，市场成熟稳定，产品销往全国各地，并且出口日本、韩国等国家。2017年，吉林梅花鹿饲养量84万只，鲜鹿茸产量795t，全产业产值320亿元。全省有鹿产品经营企业3000余家。养殖场区7000余个，注册梅花鹿食、药（保健）品企业186家，拥有品牌产品209种，注册批准文号600余个。吉林双阳鹿乡镇已成为东北地区乃至国内最大的梅花鹿鲜货交易中心。

3. 西部特色农产品

吉林省西部主要为杂粮生产区，盛产高粱、花生、燕麦、荞麦、绿豆等无污染绿色农产品。以白城市绿色特色优质农产品发展最为迅速。白城市种植绿豆历史悠久，被誉为“绿豆之都”。所产绿豆品质优异，2007年被批准为白城地理标志产品。白城绿豆，已经成为白城的一种象征性品牌，产品远销日本、美国、韩国、印度、加拿大以及非洲等国家和地区。注册为绿色食品的花生品牌有今品质、盛华、山水井泉等，粘玉米的绿色品牌有年香玉、德伟等。

6.1.2 当地政策支持现状

组织方面，为了推动吉林省特色农产品的发展，2017年8月吉林省成立了吉林省特色农产品优势区创建工作领导小组，该小组由省政府副秘书长任组长。

政策方面，吉林省人民政府2017年颁发的《吉林省人民政府办公厅关于进一步促进农产品加工业发展的实施意见》中提出的战略重点之一就是构建四大特色区域，着力构建中部以粮食、畜禽生产加工为重点的主导产业区；东部以参茸、菌蛙药生产加工为重点的特色产业区；西部以杂粮杂豆、乳品、油料、辣椒、水产品等生产加工为重点的优势产业区；城市郊区以瓜菜、花卉、休闲农业为重点的生态产业区。并且提出要打造企业集群，围绕优势产业和特色资源，积极培育打造一批总量规模大、科技含量高、产业链条长、经济效益好、品牌影响大，具有较强引领、带动、示范作用的领军企业，实现产业链延伸、价值链提升、供应链重组，促进全省农产品加工业总量规模、经营水平和带动功能显著提高，引领农村一、二、三产业融合发展作用明显增强。此外，政府还支持综合加工利用，加强优势特色农产品及其加工副产物综合循环利用、全值利用、梯次利用。

吉林省农业委员会 2017 年发布的《关于推进吉林省现代农业产业园建设的指导意见》中同样也提到了区域特色的发展。

2015 年 3 月，吉林省第十二届人民代表大会常务委员会第十五次会议通过了《吉林省人参产业条例》（以下简称《条例》），《条例》中明确人参及其产品质量安全生产规范，对人参产地环境和种植、加工、经营等环节的质量安全作了规定。根据《条例》要求，人参种植者和经营者须建立可追溯管理制度，人参种植、加工、经营应当建立管理档案和台账，并对假冒伪劣人参产品等进行了界定，划分各监管部门责任，人参从种植、加工、鉴定到销售等各环节都将实现有法可依。条例还对人参产业发展扶持、产业规划以及相关法律责任等进行了明确规定。《吉林省人参产业条例》的出台弥补了我国人参产业的法规空白，通过立法对人参产业进行管理，既能够保证人参产品的质量和信誉，也有利于培育吉林人参在海内外的良好品牌形象，壮大人参产业，随后又出台了《关于振兴人参产业的意见》《吉林省人参管理办法》，设立了人参产业发展专项资金等一系列政策措施，持续为“长白山人参”品牌建设“保驾护航”、注入活力。

特色农产品推动活动方面，为做大做强“吉字号”优质特色农产品品牌，扩大吉林品牌农产品在全国范围的推广，2018 年 9 月和 10 月分别在天津和北京举行了“吉林省优质特色农产品大型宣传推介活动”，全省 42 家农产品生产企业、200 多种优质特色农产品集中亮相展示，吸引了众多当地居民参加，并且在推动会上由省农委和省政府代表出面和当地企业签订了合作协议，很好地推动了吉林特色农产品的推广。

6.2　特色农产品冷链物流现状

6.2.1　特色农产品生产情况

吉林省坐拥长白山山脉和松辽平原，物产丰富，西部松嫩低平原，属农牧交错带，是各种有机农作物比如高粱、荞麦、绿豆、花生、黏玉米的主要产区，种植面积 26.7 万 hm^2；中部松辽平原地区尤以梅花鹿鹿茸和甜玉米闻名，具有悠久的梅花鹿养殖历史和广阔的玉米生产带；东部长白山以森林生态系统为主，有野生浆果 40 余种（如：蓝莓、山葡萄、软枣等），且是重要的药材库，尤其以人参、林蛙、木耳、松茸、猴头等闻名。目前，农产品加工业已和汽车工业、石化工业并立，成为吉林省三大支柱产业。

吉林省特色农产品加工示范基地经历了漫长的发展，自“九五”起步，吉林省重点发展特色农产品和有机农产品产业；“十五”期间，吉林省提出“建基地、促开发、强龙头、拓市场”的新的发展模式，通过大力度的资源整合，重点拓展特色农产品优势产业，初步形成了人参、鹿茸、特色果品、林蛙、道地中药材，食用菌、杂粮杂豆、冷水鱼八大类特色农产品体系和200多个有机食品种类；“十一五”期间，特色有机农产品产业从高速扩张向产业深化发展，强化规模化和标准化生产，加强品牌建设和管理，大力开拓国内外市场。“十二五”后，吉林省农产品加工业逐步迈向产业集群化发展模式，已形成众多农产品加工示范基地，节约集约经营模式得到推广。截至2011年年底，吉林省以“一村一品”为代表的特色农业典型乡镇已经达到了135家，“一村一品”的典型村达到1555家，农民收入增长较为明显，据统计农户年均增收可达3000元；同年吉林省“三品”总量已达到3766个，环境监测面积达到300万公顷，产量达到3520万吨，产值540亿元。

各种特色农产品总产量现状：人参加工企业主要有吉林敖东集团、吉林西洋参集团、省参业集团、皇封参集团、新开河人参有限公司，2013年人参产业实现产值290.6亿元，同比增长42.1%。以鹿茸为主要原料加工企业有双阳鹿业集团和延边东鹿业集团等十几家规模以上企业，2011年全省鹿茸产值12亿元。食用菌生产量大、质优，规模大，主要有黑木耳、灵芝、香菇、滑子菇、金针菇、平菇、榆黄蘑、榛蘑等20多个品种，2013年食用菌产量达到85万t，比2012年增长21%。在长白山优质种蛙繁育基地、标准化封沟养蛙示范基地及精深加工项目建设中，2013年林蛙回捕量达到4.8亿只，同比增长6.7%。

吉林省特色产业优势明显，但企业规模普遍较小，知名品牌少，科技含量少，产业链条短，产品粗放型特征明显，特色有机农产品加工率低，绝大部分是从产地经粗加工和简单包装就直接进入市场，产品品质无法保证，造成总体竞争力不强。

1. 人参

人参被誉为“百草之王”，位居东北三宝之首，在中国已有4000多年药用历史和1500多年栽培历史。中国是世界最大的人参生产国，而吉林省人参产量占到国内总产量的85%，占世界人参市场的70%左右，是重点产参地区。吉林省人参主要品牌有新开河人参、皇封参、长白山人参和久盛堂等。

近年来，人参的发展可谓一波三折。如图6-1所示，东北三省人参种植面积由2000年的2000hm^{2}持续下降到2013年的不足500hm^2。随着市场发展，人参被广泛应用在药品、食品、保健品、化妆品等领域，市场需求量会越来越大。近几年来，我国人参行业中众多企业均大力扩张人参种植面积，如表6-1所示，但出于对国家相关政策的调控和人参种植培育的周期性，我国人参产量反弹增长速率较慢。

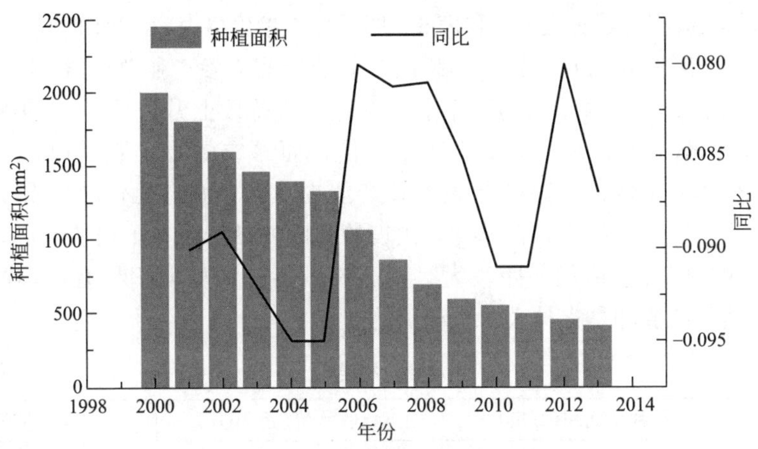

图6-1　东北三省人参种植面积统计

人参行业投资现状　　　　**表6-1**

公司	时间	资金数额	用途
紫鑫药业	2010年	募资10亿元	用于在通化、延吉、磐石、敦化四地投资四个人参产业加工基地
	2014年	募资20亿元	人参和基因测序
康美药业	2009年	投资3900万元	整体收购吉林省吉安市新开河红参
	2011年	投资1350万元	收购吉安市大地参业有限公司90%的股权
	2012年	投资10亿元	在通化市吉安市建设康美药业吉林人参产业园，占地300多亩
	2014年	投资8亿元	收购参龄12～20年林下参约600万条
益盛药业	2011年	IPO募集资金中的2.07亿元	用于1.2万亩非林地人参种植
	2014年	投资3.65亿元	整体收购皇封参业
太安堂	2013年	投资4.01亿元	建设长白山人参产业园
	2014年	投资1.5亿元	建设吉林抚松人参产业基地项目，用于5万亩山参种植基地建设
参仙源酒业	2012年	投资10亿元	在辽宁省宽甸县建设人参酒项目
辽宁青山实业集团	2014年	投资3.6亿元	在通化市建立青山人参科技园
修正药业	2011年	投资2.1亿元	在抚松建立人参产业园

虽然种植面积下降，但由于人参价格飙升和单位亩产量提高，近几年吉林省人

参总产值却大幅提高，如表 6-2 和表 6-3 所示。人参价格由 2008 年的 5～10 元/kg，增长到 2015 年的 10～200 元/kg。2011 年，吉林省人参产业总产值 115 亿元，参农收入增加了 20%；接下来的五年中，参业产值持续上升，从 2012 年的 200 亿元到 2014 年的 400 亿元，整整增加了一倍，而参农的收入则是以每年不低于 20%的增长率稳步增长；2015 年人参总产值提高到 460 亿元，2017 年人参产业实现产值 550 亿元。尽管以吉林省为代表的我国人参产业有了很快发展，但是与周边国家的横向比较依然差距很大。韩国高丽参的种植面积只有我国的三分之一，但是其总产值却是吉林人参总产值的 3 倍。

人参价格变化 **表 6-2**

年份	新种植面积(万亩)	鲜参收购价(元/市斤)	鲜参产量(万 t)
2008	4.25	5～10	3.5
2009	4.25	10～15	2.8
2010	1.5	10～15	2.8
2011	1.5 以内	15～20	3.5
2012	1.5 以内	30～50	3.2
2013	1.5 以内	10～200	5
2014	1.5 以内	10～200	4.8

吉林省人参产业总产值及参户收入 **表 6-3**

年份	产业总产值(亿元)	种植收入
2011	115	参农收入增长 20%
2012	200	参农收入增长 20%
2013	272	参农收入至少增长 20%
2014	400	参农收入增长比 2012 年增加一倍

延边州是吉林省主要的产参基地，2015 年人参种植面积及产量分别占全省的 40%和 30%，表 6-4 为延边州人参栽培现状。可以看出，人参种植面积和产量在大幅下降后又有所回升，但总产值是逐步增加的，当然产值也有通货膨胀的影响。

延边州人参栽培现状 **表 6-4**

时间	2006 年	2007 年	2008 年	2009 年	2010 年
栽培面积(公顷)	1176	1173	912	910	526
作货面积(公顷)	1026	1705	1299	526	635
留存面积(公顷)	7600	6033	6005	5509	4012
产量(t)	10866	10660	13868	12783	10155
产值(万元)	27518	31620	25771	32458	50333

续表

时间	2011 年	2012 年	2013 年	2014 年	2015 年
栽培面积(公顷)	356	335	262	166	353
作货面积(公顷)	502	693	510	596	501
留存面积(公顷)	3850	3492	3156	2780	2366
产量(t)	9380	10022	8054	7300	8059
产值(万元)	74746	73113	123682	122833	108438

在“十二五”期间，通化市人参留存面积每年在 1000 万平方米左右，产量累计达到 28500t，占全省的 20%左右；产值累计达到 383 亿元，占全省的 50%。2014 年，全市人参留存面积 1716 万平方米，产量 6048t，其中，园参留存面积 1111 万平方米，产量 4011t；西洋参留存面积 605 万平方米，产量 2037t。全市人参加工量 7500t，人参产业实现产值 132 亿元。2010 年以来，年均增速 50%以上，五年翻了近三番。在人参产值的引导下，通化市种植面积逐年扩大，2014 年，通化市非林地栽参面积达 23 万亩，林下参发展到 35 万亩，产量 87 吨，产值 9.1 亿元。

中国人参相关产品主要外销，如表 6-5 所示，主要出口地区为：日本、东南亚地区、美国、意大利、德国等。

中国人参亚洲出口现状　　　**表 6-5**

年份	日本		韩国		马来西亚		亚洲其他国家	
	出口量(kg)	比重(%)	出口量(kg)	比重(%)	出口量(kg)	比重(%)	出口量(kg)	比重(%)
2006	682110	25.36	265921	9.89	33217	1.23	396597	14.74
2007	545437	19.11	164938	5.78	60638	2.12	459137	16.09
2008	743934	25.98	156306	5.46	30869	1.08	281465	9.83
2009	664135	22.21	97965	3.28	90213	3.02	245637	8.21
2010	917408	32.06	77251	2.7	66638	2.33	326224	11.4
2011	534264	22.38	49404	2.06	70960	1.35	280497	11.7
2012	849724	35.92	46324	1.96	89855	3.8	115884	4.9
2013	620128	26.22	12087	0.51	167235	7.07	222365	9.4
2014	663931	38.56	114	0.00	30591	1.78	191207	11.10
2015	416934	25.11	12544	0.76	37693	2.27	192208	11.58

2. 食用菌

食用菌是指子实体硕大、可供食用的蕈菌，常见的食用菌有：香菇、草菇、蘑菇、木耳、银耳、猴头、竹荪、松口蘑（松茸）、口蘑、红菇、灵芝、虫草、松露、白灵菇和牛肝菌等。2016 年全国食用菌总产量为 3596.66 万 t，产值为 2741.78 亿元，产量比 2015 年增长了 3.46%，产值比 2015 年增长了 8.96%。同年，吉林省食用菌产量为 237.41 万 t，产值超百亿元。近年来，东北林区积极探索产业转型，通过发展林下黑木耳等食用菌产业，走出了一条既保护生态又促进农民增收的新途径。实践证明，在速生林下间作种植黑木耳，是解决大面积闲置林下土地的有效手段。黑木耳生性喜荫，林地内通风、凉爽，为黑木耳生长提供了适宜的环境条件，可降低生产成本，简化栽培程序，提高产量，为黑木耳产业的发展提供了广阔的生产空间，而黑木耳采摘后的废料又是树木生长的有机肥料，一举两得。东北地区独特的环境和生物资源为发展林下黑木耳产业提供了良好条件。2017 年全国黑木耳总产量为 638.84 万 t，相比 2016 年总产量 627.38 万吨上涨了 11.46 万 t，上涨幅度为 1.8%；吉林省为 88.45 万 t，为全国第二大黑木耳产区，且形成了"吉林长白山黑木耳"区域公用品牌。

吉林省黑木耳主要产区为：延边州、蛟河市和临江市。2017 年，延边州食（药）用菌栽培数量达到 16.3 亿袋、产值 52 亿元，分别比 2015 年增长 14%和 28.9%。其中，黑木耳栽培数量达 16.15 亿袋，占吉林省黑木耳总产量的 50%。目前，延边州黑木耳年生产规模达到 500 万袋以上的乡（镇）有 23 个，1000 万袋以上的乡（镇）18 个，5000 万袋以上的乡（镇）3 个，食（药）用菌专业合作社达到 200 余个，从业人员达 20 余万人，占延边州总人口的 8.5%，人均收入达 2.7 万元，是吉林省农村常住居民人均可支配收入水平的 2 倍，成为延边州农村经济的主导产业和农民增收致富的主要渠道。2016 年，4 个贫困县（市）的黑木耳生产规模达到 9.5 亿袋。其中，汪清县黑木耳产量从 2000 年的 1000t，发展到 2010 年的 1.4 万吨，2016 年更是达到 4.5 万吨，实现产值 30 亿元。通过汪清县辐射带动，安图、和龙、龙井三个贫困县（市）黑木耳产量分别达到 2 亿袋、0.9 亿袋和 600 万袋。全州有黑木耳加工企业 34 家，年加工能力 1 万吨左右，年产值 4.5 亿元；菌包加工企业近 200 家，年加工菌包 5 亿多袋。近年来，延边州积极倡导食用菌品种多元化、栽培模式多样化发展，改变黑木耳"一枝独秀"的局面，积极应对市场变化，增强抵御风险能力。食（药）用菌产业在黑木耳、香菇等常规食用菌品种稳步增长的同时，以灵芝、天麻为代表的药用菌发展速度迅猛。2017 年，全州灵芝栽培面积达 112 万平方米，天麻 34 公顷，桑黄 5 万袋，猪苓 14 公顷。据延边长白山食（药）用菌协会会长程明介绍，目前，食（药）用菌栽培已成为延边州各县（市）开展扶贫攻坚工作的首选产业。

2017 年，蛟河市黑木耳种植规模达到 8.7 亿袋，年产黑木耳干品 3.2 万吨，产值突破 23 亿元，全市约有 2 万户 4.6 万人从事黑木耳生产。目前，有 206 个村从事黑木耳种植，占全市总村数的 80%。种植规模达到 200 万袋以上的专业村屯有 51 个，达到 30 万袋以上的标准化园区有 106 个。

近年来，临江市突出资源优势和技术优势，通过龙头企业带动，大力发展以黑木耳为重点的食用菌产业，促进农业产业结构调整，推动村集体和农民增收致富，带动脱贫攻坚工作取得实效。2017 年，通林菌业落户临江市闹枝镇，经过半年多的时间，企业已经投入资金 5000 余万元，完成两条生产线的建设，带动了闹枝镇 6 个村黑木耳实验性种植，已初见成效。临江市具备发展食用菌产业的基础和优势，是种植业结构调整的需求也是农民增收的重要举措。通林菌业有限公司投资 1.2 亿元，项目总占地 70 亩，2017 年 4 月 17 日，项目正式开工建设，企业全部达产后，预计年生产黑木耳菌种 3000 万棒，产值 6000 万元，利润 900 万元，安置就业 150 人，届时将成为吉林省较大的黑木耳菌种企业。

6.2.2　特色农产品冷链情况

1. 人参

人参低温保鲜储藏有助于人参内活性成分的留存。但由于鲜人参受到保鲜技术、贮藏和运输等条件的局限，长期以来市场上销售的多为人参加工品。人参加工可以分为初级加工和深加工，初加工产品主要有红参和生晒参；深加工产品在于提取人参中的有效成分，然后应用于食品、药品、保健品和化工产品，例如：人参糖、人参酒、西洋参胶囊、人参蜂王浆、心舒胶囊、人参蜜饯、人参茶、人参面膜、人参护肤品等。深加工有助于提高人参产品的附加值，提高经济效益。预计到 2020 年，人参产品精深加工比重将达到 50%以上，参业总产值比 2015 年翻一番，把人参产业培育成产值超 1000 亿元的重要支柱产业。

如表 6-6 所示为 2014 年吉林省主要人参产区人参产值分类表，可以看出目前人参销售大都为红参和生晒参。随着冷链行业发展，以及医药产业、食品工业和人们生活品质的提高，鲜人参受到人们的喜爱，市场对鲜人参的需求也越来越大。

2014 年吉林省人参产值分类表　　　　**表 6-6**

地区	延边州	吉林市	白山市	通化市	合计
鲜参(万元)	140240	24787	268000	159474	592501
初级加工(万元)	571243	12500	353000	428500	1365243
食品(万元)	60585	1000	390000	40536	492121
保健品(万元)	49886	82000	423000	108825	663711
药品(万元)	44100	141000	365000	266475	816575
化妆品(万元)	4000	—	110000	2258	116258
总产值(万元)	870054	261287	1909000	1006068	4046409

中药鲜品是指未经任何可能导致药材变质或成分损失处理的“原生药材”，

在药材采收后即可使用的中药原料。传统的鲜药保鲜方法有自然贮藏法、沙藏法、冰箱贮藏法、塑料薄膜保鲜法等，随着科学技术的发展，目前已成功利用了气调贮藏、辐照贮藏、冷冻干燥、真空包装、冷冻贮藏、保鲜剂保鲜等贮藏方法。销售新鲜人参最大的问题就是保持新鲜，到货时间短，产品从出土开始，短时间内（一般是3～5天）必须到达消费者手中。新鲜人参的保鲜周期也就1～2个月，必须在零度左右冷藏，另外运输过程必须采用冷藏运输，销售过程中也必须有冷藏设备。自2015年起康美新开河药业集团合作推出的人参鲜食品类，受到广大消费者喜爱，上市后2个月销售额就高达2000万元。我国的自然资源优势为提供鲜人参提供了优势，大力发展鲜参制品产业，市场前景广阔。但是和其他中药材相比，人参采后生理与保鲜技术的研究相对滞后，到目前为止，人参保鲜技术尚未广泛应用，因此急需加大人参采后生理与保鲜技术的深入系统研究和推广应用。

2. 食用菌

如何保持食用菌鲜品特征，是食用菌贮藏保鲜所要解决的问题。首先用于食用菌保鲜的方法是低温处理，近年来又开展了气调贮藏、辐射保鲜以及生物保鲜等方法。

采收后的蘑菇像其他生物一样仍会呼吸、生长和衰老，而这些生理现象发生的速度会影响蘑菇的质量。在25℃自然条件下存放，48h之后即开始变质，此后很快失去商品价值。蘑菇菌盖上面没有明显的表面保护结构，因而水分极易蒸发，所以蘑菇采后的呼吸作用和蒸腾作用很剧烈，很容易变质老化。试验证明：在24h内100kg蘑菇在10℃时释放能量2215kJ（千焦耳），而在0℃时仅释放627kJ，蘑菇的呼吸强度在10℃时是0℃的3.5倍。许多研究表明，蘑菇低温贮藏适宜温度为0～3℃，最佳冷藏温度为0℃，此温度下，双孢蘑菇的保藏期可达30天。

草菇采摘后4～5h，其开伞比例即达20%～30%，因此采收后最好在1h内送到15～20℃的冷库中，这样可提高保鲜效果，可贮存3～4天。一般情况下，草菇冷藏温度不可低于10℃，以15～20℃为宜。当草菇产地距离工厂很远时，可以用产地预煮。将洗净的草菇在沸水中煮10min，煮时加入2%食盐可使草菇保持新鲜度。在0～4℃可存放1～2天，品质变化不大。－18℃可存放7天。草菇若来不及加工，库温在0～4℃时，贮放不超过12h。若贮放超过24h，草菇明显变软，有大量褐色液体渗出。这种液体的产生与草菇中含有的过氧化酶有关。

金针菇采收前3天应进行偏干管理，且适当提早1～2天采收。采后金针菇，因为连带着具有养分的菌根，生命活动仍很旺，易老化、变色、变质、变味。金针菇在4～5℃时可贮藏5天左右，超过7天金针菇颜色变黄，风味也要变劣。当然也可以冷冻贮藏，金针菇在沸水中处理8min，迅速用冷水冷却，然后在0℃以下冷冻贮藏。

鲜香菇冷藏温度控制在0℃以上、4℃以下。因温度达到5℃以上，菇体组织照常活动，容易开伞，而在0℃以下则会结冰，影响质量。鲜菇起运前8～10h，才可进行菇柄修剪工序。如提前进行剪柄，容易变黑，影响质量。因此在起运之前必须集中人力突击剪柄。菇柄的长度一般为2～3cm，剪柄后纯菇率为85%左右，然后继续入库，待装起运。

3. 甜玉米

甜玉米是营养价值和市场需求极高的高端蔬菜，同时又是易腐的农产品。甜玉米生产季节性强，高温下含糖量迅速降低，失水萎蔫，营养成分损失严重，货架寿命极短；常温下，甜玉米的流通保鲜期只有2天。因此，冷链物流是甜玉米保质的有效方法和手段，也是增加甜玉米附加值的重要方法。

目前，甜玉米从田间到消费者餐桌的冷链物流保鲜过程如下：

(1) 预冷。将采收的新鲜产品在运输、贮藏或加工之前迅速除去田间热，将温度降低到适宜温度的过程。

(2) 冷藏。在良好的隔热条件下，利用人工制冷的方法使贮藏场所内的温度达到甜玉米贮藏的低温。从而在运输和销售前能够保持良好的品质和商品价值。有文献指出，当采用低温条件（2～6℃）贮藏甜玉米时，可使保鲜期达10天以上。

(3) 冷藏运输。有研究发现，运输甜玉米时，温度控制在0～2℃的冷藏运输，能有效延长甜玉米的保鲜期。

(4) 冷藏销售。冷链物流的最后一个环节，也是实现商品价值的重要环节。

目前，我国对甜玉米冷藏运输和冷藏销售环节研究较少，对甜玉米的全程冷链研究更少。所以，对于吉林省甜玉米市场而言，研究从田间到餐桌的全程冷链保鲜技术迫在眉睫。目前，我国采后甜玉米预冷的专业设备很少，基本采用冷库方法预冷。压差预冷设备、真空预冷设备及冷水冷却设备也严重匮乏，对甜玉米而言，采后每延迟冷却1h，其寿命至少缩短1天。

6.3　特色农产品冷链物流存在的问题

6.3.1　特色农产品冷链物流基础落后

新鲜特色农产品需要包括冷加工、冷藏、冷藏运输、冷柜等冷链设备与全程冷链体系来保证其品质，不然其销售只能局限在产地周边，而无法扩大其供应范围。其次，特色农产品通常价格比较高，因腐烂造成的经济损失大。目前吉林特色农产品冷链基础设备和设施缺失严重，特色农产品从采摘到后续加工储运过程中，由于水分大量消耗或者腐烂变质，品质下降使得售价受到影响，影响了特色农产品的高价值实现。

6.3.2 特色农产品深加工程度不够

为了让特色农产品在发展中获得充足的经济效益，农产品的深加工必不可少，但目前吉林省的特色农产品深加工程度还不够。以人参为例，仍然以传统的干燥人参销售为主，并且干燥方式多采用传统干燥方法，人参作为高附加值产品，为了保存其营养成分可以推广更先进的干燥方式，比如冰温真空干燥、冷冻干燥等。先进的干燥方式既可以最大限度地保存人参的营养成分，并且干燥后，能够保持更好的外观和结构。鲜食人参产品还有待进一步开发，干燥人参虽然更容易保存和销售，但是无论干燥技术多么先进，都会造成营养成分的流失。作为高附加值的代表产品，在冷链物流条件满足的条件下，可以对鲜食人参产品进行推广。

特色农产品要想走出一条特色之路，不能再简单包装以“土特产”形式进行销售。特色农产品经过初级加工对农业经济发展带来的影响有限，要想让特色农产品带来更大的经济效益，必须要进行深加工。

6.3.3 特色农产品缺乏整体协调发展

吉林省特色农产品市场在不断发展过程中形成了明显的市场分区，东部主要以长白山特色中药材产品市场为主，中部依托平原地形有梅花鹿相关产品市场，西部为特色五谷杂粮农产品市场，而这三个分区的特色农产品的综合加工、融合发展需要提升。并且，这些地区周边均配备仓储和运输设备，但由于特色农产品均具有季节性和地区性的变化，使得仓储和物流设备设施使用不科学，忙时不够用，闲时没人用，缺乏统一的资源配备。

第7章　冷链物流安全与环保

7.1　安全与环保政策下的冷链行业发展

近年全球制冷行业面临着“安全”和“环保”两大难题，这两大难题对我国冷链行业也同样产生了重大和深远的影响，集中表现在新建冷藏物流、食品冷加工设施制冷系统的选择和现有冷藏物流、食品冷加工设施制冷系统的改造与升级。

近年随着国家行政管理体系的改革，取消了许多行政审批事项，但是由于工程具有涉及面广、环节众多的特点，导致责任主体比较复杂、体量较大存在外部影响等特征。纵观欧美等发达经济体，与我国的情况基本一致，其对工程的行政监管不仅普遍存在，而且往往更加严格。在上述政策框架体系内，制冷工程的“安全”问题主要由安监政策规范，“环保”问题主要由环保政策规范。

安监是安全生产监督管理的简称。自2001年至2018年3月一直由国家安全生产监督管理总局负责。按照十三届全国人大一次会议审议的国务院机构改革方案，目前并入新组建的应急管理部。安监管理制冷设备工程的主要法律依据是《中华人民共和国安全生产法》和《中华人民共和国特种设备安全法》。

在上述法律的指导下，政府还制定了一系列的行政法规，共同构筑了制冷设备工程的安监政策框架，主要包括《危险化学品安全管理条例》《危险化学品重大危险源监督管理暂行规定》《国务院安委会关于深入开展涉氨制冷企业液氨使用专项治理的通知》（安委办〔2013〕6号，附《涉氨制冷企业液氨使用专项治理技术指导书（试行）》）、《国务院安委会办公室关于继续深入开展涉氨制冷企业液氨使用专项治理的通知》（安委办〔2014〕10号）等。《危险化学品安全管理条例》规定的《危险化学品目录》包括目前冷冻冷藏行业全部常用制冷剂。《危险化学品重大危险源监督管理暂行规定》规定了重大危险源的辨识、管理、监督方法和相关法律责任。《国务院安委会关于深入开展涉氨制冷企业液氨使用专项治理的通知》要求对全国涉氨制冷企业液氨使用情况全面开展大检查、大治理，实现安全培训全覆盖、安全隐患排查治理全覆盖、治理检查全覆盖。《国务院安委会办公室关于继续深入开展涉氨制冷企业液氨使用专项治理的通知》继续深化落实安委〔2013〕6号文件的工作重点和工作要求，在全面排查治理的基础上，重点落实好氨直接蒸发制冷的空调系统和快速冻结装置两方面专项治理要求。

我国的环境保护工作从1974年至2018年3月一直由国务院专职机构负责，并在2008年成立环境保护部。按照十三届全国人大一次会议审议的国务院机构改革方案，目前并入新组建的生态环境部。

与安全生产不同，环境保护具有国际化的特征，冷链行业“有幸”参与了人类历史上第一个全球性的并且取得明显成效的环境保护行动，即《蒙特利尔议定书》。受此行动鼓舞，另一个与冷链行业相关的《联合国气候变化框架公约》也一直在积极推进过程中。《蒙特利尔议定书》规定我国应于2013年将HCFCs的生产和消费冻结在基线水平上，2015年削减基线水平的10%，2020年削减基线水平的35%，2025年削减基线水平的67.5%，2030年削减基线水平的97.5%，2040年全部淘汰HCFCs。《联合国气候变化框架公约》的目标是控制温室气体排放，从而减少人类活动对气候的影响，我国于1992年6月11日签署了公约，公约2016年10月形成了新的《基加利修正案》，与我国冷链行业相关的要求是控制高GWP值的HFC类物质的生产与消费，规定中国等主要发展中国家，自2024年开始冻结，2029年削减10%，最终2045年实现削减80%，目前正在各国政府的审批过程中。

为履行《蒙特利尔议定书》，政府出台了一系列的行政法规，与冷链行业相关的主要有《中国消耗臭氧层物质逐步淘汰国家方案》《消耗臭氧层物质管理条例》《关于严格控制新建、改建、扩建含氢氯氟烃生产项目的通知》《关于严格控制新建使用含氢氯氟烃生产设施的通知》等。《中国消耗臭氧层物质逐步淘汰国家方案》于1993年1月批准实施，1999年修订，确定了适合中国国情的替代品和替代技术，明确了总体淘汰战略和行业淘汰计划，提出了可操作的政策措施和监督管理制度。《消耗臭氧层物质管理条例》于2010年3月24日发布，自2010年6月1日起施行，为加强对消耗臭氧层物质的管理，履行《蒙特利尔议定书》规定的义务，要求消耗臭氧层物质的生产、使用单位应当依照本条例的规定申请领取生产或者使用配额许可证，要求县级以上人民政府进行监督检查，明确了法律责任。

《关于严格控制新建、改建、扩建含氢氯氟烃生产项目的通知》要求自2008年12月25日起，各地不得新建、改建或扩建用作制冷剂的含氢氯氟烃生产设施，各级环保部门不得审核批准上述生产设施建设的环境影响报告书（表）。《关于严格控制新建使用含氢氯氟烃生产设施的通知》要求自2009年10月13日起，各地不得新建使用含氢氯氟烃生产设施，各级环保部门不得审核批准上述生产设施建设项目的环境影响报告书（表），违反以上规定建设的生产设施，由地方环保部门报请同级人民政府责令拆除，并依法追究相关责任。为进一步加强环境保护，环境保护部办公厅2018年1月24日印发《关于生产和使用消耗臭氧层物质建设项目管理有关工作的通知》，禁止新建、扩建生产和使用作为制冷剂、发泡剂、灭火剂、溶剂、清洗剂、加工助剂、气雾剂、土壤熏蒸剂等受控用途的消耗臭氧层物质的建设项目，废止原《关于严格控制新建、改建、扩建含氢氯氟烃生产项目的通知》和《关于严格控制新建使用含氢氯氟烃生产设施的通知》，需要注意的是废止的文件多用“不得”，而新文件明确要求“禁止”，其政策导向已经十分明显。

7.2　冷链设施制冷系统的技术选择

政策框架的影响主要通过建设项目预评价、监管两个途径实施，为此技术选择也要从这两个角度出发，即分别考虑新建冷藏物流、食品冷加工设施和现有冷库、食品冷加工设施改造与升级，其中规模（《冷库设计规范》GB 50072—2010详细规定)、用途和周边环境等是主要因素。在符合政策框架的前提下，投资、能效、管理维护、可靠性等是企业个体经营考虑的重要因素，因此也是技术选择所追求的目标，即降低投资、提高能效、维护便宜、可靠耐用。总之，在合规的前提下追求企业个体的整体利益最大化就是制冷系统技术选择的原则。

7.2.1　任何新建设施都不应采用HCFC类制冷剂

根据环境保护部办公厅2018年1月24日印发的《关于生产和使用消耗臭氧层物质建设项目管理有关工作的通知》，禁止新建、扩建生产和使用作为制冷剂、发泡剂、灭火剂、溶剂、清洗剂、加工助剂、气雾剂、土壤熏蒸剂等受控用途的消耗臭氧层物质的建设项目，因此无论什么规模、用途和周边环境，都不应采用以R22为主的HCFC类制冷剂，否则将是明显的违规行为。

7.2.2　新建食品冷加工设施的大中型制冷系统

对于新建食品冷加工设施的大中型制冷系统，例如屠宰、肉类加工和冰淇淋等奶制品加工企业，宜采用氨制冷系统，配合低充注量、二氧化碳复合等技术，不仅易于充分满足日趋严格的安全监管，而且环保、高效、经济。氨不仅是天然工质，而且大中型氨制冷系统的能效较高，装备与技术也比较成熟，即便面临日趋严格的安全监管，其整体经济性往往也是较好的。受城市规划的限制，新建食品冷加工设施必须位于工业地块内，附近不会有住宅等民用建筑，内部是特定的工作人员，不会面对不确定人群，因此其安全保障比较容易。如果进一步配合低充注量、二氧化碳复合等目前已经比较成熟的技术，往往能把氨制冷剂的灌注量控制在10t以内，消除重大危险源隐患。

7.2.3　新建食品冷加工设施的中小型制冷系统

对于新建食品冷加工设施的中小型制冷系统，宜采用HFC类制冷剂，基本没有安全问题，中短期内也能够满足环保要求，如果经济可行，配合低充注量、二氧化碳复合、低 GWP 工质等技术会进一步降低中长期的环保风险，有可能还会降低运行费用（需要具体工程具体分析）。目前氨制冷系统的小型化还面临不少技术障碍，并且在国内没有法规的特别支持。因此小型制冷系统虽然能够采用氨，但是经济代价比较高，多数情况下不能符合企业的经营需要。二氧化碳跨临界制冷系统 2017 年在欧洲取得技术突破，已经不存在“二氧化碳赤道”的限制，从中长期看替代 HFC 类中小型制冷系统的可能性很大，但是考虑到国产化等中短期内不易解决的因素，目前在国内推广二氧化碳跨临界制冷系统有些超前。

7.2.4 新建冷藏物流设施的大中型制冷系统

对于新建冷藏物流设施的大中型制冷系统，例如冻品批发市场、中转和储备用大中型冷库，如果周边的安全间距（2010 版《冷库设计规范》的修订版将会详细规定）足够，宜采用氨制冷系统，并通过低充注量技术降低危险源等级，总灌注量超过 10t 是重大危险源，120～240t 时是二级重大危险源，超过约 240t 时是一级重大危险源。如果仅库房周边的安全间距不足、库内又必须采用排管并且不能做到统一管理，宜采用氨/二氧化碳复合制冷系统，不仅能够充分满足日趋严格的安全监管，而且环保、高效、经济，氨/二氧化碳复合制冷系统可以使氨制冷剂的灌注量减少 80%～90%，并且能够把氨的使用空间局限在机房，与纯氨制冷系统相比，整体造价基本持平，能效基本相当，安全性能大幅提升。如果整个场区的安全间距都不足，宜采用低 GWP 的 HFC/二氧化碳复合制冷系统，中短期内也能够满足环保要求，中长期的环保风险成本也不高，与纯 HFC 制冷系统相比，投资和（或）运行费用可能更低（需要具体工程具体分析）。

7.2.5 新建冷藏物流设施的中小型制冷系统

新建冷藏物流设施的中小型制冷系统与新建食品冷加工设施的中小型制冷系统的情况基本相同，宜采用 HFC 类制冷剂，基本没有安全问题，中短期内也能够满足环保要求。如果经济可行，配合低充注量、二氧化碳复合、低 GWP 工质等技术会进一步降低中长期的环保风险，有可能还会降低运行费用（需要具体工程具体分析）。

7.2.6 新建商用制冷系统

对于商用制冷系统，例如在商超、餐饮等企业广泛使用的商用冷库制冷系统，由于其往往处于商业区，人员不仅密集并且是不特定人群，多数情况下也不会配置专业操作人员，因此宜采用 HFC 类制冷剂，基本没有安全问题，中短期内也能够满足环保要求。如果经济可行，配合低充注量、二氧化碳复合、低 GWP 工质等技术会进一步降低中长期的环保风险，有可能还会降低运行费用（需要具体工程具体分析）。其他情况与新建食品冷加工设施的中小型制冷系统基本相同。

7.2.7 现有HCFC类制冷系统

对于现有采用以R22为主的HCFC类制冷剂的制冷系统，改扩建、更新主要设备时不宜继续使用以R22为主的HCFC类制冷剂，否则将是明显的违规行为。如果现有设备的经济价值比较高，宜改用与原制冷剂物性类似的HFC类制冷剂直接替代，例如用R407C直接替代R22时只需要更换冷冻油和密封件，设备可继续使用。

7.2.8 现有食品冷加工设施内不符合现行安监政策的氨制冷系统

采用氨制冷系统的食品冷加工设施不能满足现行安监政策，被监管要求整改时，对于其中的大中型氨制冷系统，宜通过低充注量、二氧化碳复合等技术提升其安全标准。对于其中的中小型制冷系统，可改用HFC类制冷剂；如果经济可行，配合低充注量、二氧化碳复合、低GWP工质等技术会进一步降低中长期的环保风险，有可能还会降低运行费用（需要具体工程具体分析）。

7.2.9 现有冷藏物流设施内不符合现行安监政策的氨制冷系统

采用氨制冷系统的冷藏物流设施不能满足现行安监政策，被监管要求整改时，如果仅为应对迫在眉睫的监管，不考虑中长期的经营成本，可改用非相变载冷剂，改造成本相对较低，对日常生产的影响相对较小，但是能耗会大幅增加，冻结物冷藏系统在同等条件下预计增加20%～30%，并且有系统腐蚀等潜在的风险。如果考虑中长期的经营成本与风险，对于其中的大中型制冷系统，安全间距不足时宜通过低充注量、二氧化碳复合等技术提升其安全标准，如果整个场区的安全间距都不充足，宜采用低GWP的HFC/二氧化碳复合制冷系统，中短期内能够满足环保要求，中长期的环保风险成本也不高，与纯HFC制冷系统相比，投资和（或）运行费用可能更低（需要具体工程具体分析）。对于其中的中小型制冷系统，可改用HFC类制冷剂，如果经济可行，配合低充注量、二氧化碳复合、低GWP工质等技术会进一步降低中长期的环保风险，有可能还会降低运行费用（需要具体工程具体分析）。

7.3 氨制冷系统安全分析与展望

2013年，我国涉氨制冷企业的安全事故集中爆发，发生了眉山市“4・21”液氨泄漏较大事故、吉林宝源丰“6・3”特别重大火灾爆炸事故、上海翁牌

"8·31"重大氨泄漏事故等多起恶性事故，引发社会高度关注。

7.3.1 2013年两起涉氨重大事故回顾

1.6·3吉林德惠禽业公司火灾事故

2013年6月3日清晨，吉林宝源丰禽业公司发生火灾，火灾共造成119人遇难[①]。事故发生后，企业法人代表被控制。国务院成立特别调查组。据吉林省消防部门介绍，本次事故系厂房氨气爆炸引发火灾。2014年12月26日，吉林省长春市朝阳区人民法院、二道区人民法院分别对德惠宝源丰公司特大火灾系列案件一审公开宣判。

经调查，事故发生的直接原因是：宝源丰公司主厂房部分电气线路短路，引燃周围可燃物，燃烧产生的高温导致氨设备和氨管道发生物理爆炸。管理上的原因是：宝源丰公司安全生产主体责任不落实，地方消防部门安全监督管理不力，建设部门在工程项目建设中监管缺失，安全监管部门综合监管不到位，地方政府安全生产监管职责落实不力。

2.8·31上海液氨泄漏事故

2013年8月31日，位于上海市的上海翁牌冷藏实业有限公司发生液氨泄漏事故，该起事故造成15人死亡，20余人受伤[②]。事故造成直接经济损失约2510万元。

事故发生的直接原因为严重违规采用热氨融霜方式，导致发生液锤现象，压力瞬间升高，致使存有严重焊接缺陷的单冻机回气集管管帽脱落，造成氨泄漏。而事故背后的间接原因为翁牌公司涉及违规设计、违规施工和违规生产；主体建筑竣工验收后，擅自改变功能布局；水融霜设备缺失，无法按规程进行水融霜作业；无单冻机热氨融霜的操作规程，违规进行热氨融霜；氨调节站布局不合理；氨制冷设备及其管道附近，设置加工车间组织生产；安全生产责任制、安全生产规章制度及安全技术操作规程不健全；公司管理人员及特种作业人员未取证上岗，未对员工进行有针对性的安全教育和培训；擅自安排临时用工，未对临时招用的工人进行安全三级教育，未告知作业场所存在的危险因素，最后还有政府监管部门履职不力。

2013年9月18日，国务院安委会发布《关于深入开展涉氨制冷企业液氨使用专项治理的通知》，针对涉氨制冷企业液氨使用开始全面治理，按照国务院安委会统一部署要求，各地区、各部门和有关企业连续开展了为期4年的涉氨制冷企业液氨使用专项治理工作。2017年组织各地区开展了专项治理自行验收和交叉核验工作。

经过4年多的有效治理，制冷设备老旧、安全生产意识淡薄、安全管理等突

---

① 资料来源：http://www.gov.cn/jrzg/2013-06/03/content_2418258.htm.

② 资料来源：http://www.gov.cn/jrzg/2013-08/31/content_2478413.htm.

出安全隐患得到有效治理，特别是针对涉氨制冷企业相关人员安全生产培训工作的加强，对事故隐患的排查、整改以及岗位技能的提高均发挥了重要作用。

7.3.2　从安全与环保的角度来解析“氨”制冷剂

众所周知，氨制冷技术已有160余年的应用历史，由于液氨具有优良的热力学性能、良好的环保性能以及提炼简单、成本低廉的优点，是全球制冷行业应用时间最长且一直未被其他物质替代的制冷剂，在欧美大型制冷工况的冷库及食品加工项目中，氨都是占据绝对份额的制冷剂解决方案。而随着地球气候不断恶化，20世纪30年代才出现的氟利昂制冷剂，由于对臭氧层具有破坏作用及导致全球变暖，将逐步被替代，大型工业制冷系统仍将依赖于氨和二氧化碳等天然工质制冷剂。

虽然氨具有刺激性气味且有一定的毒性和可燃性，在较高温度下，氨和空气混合物体积浓度达到15.7%～27.4%时遇明火可引起爆炸，但是目前的技术完全可以控制相应危害的发生。据国际氨制冷学会有关专家统计，截至2008年，除我国外，美国氨制冷系统事故死亡率最高，在其连续统计的15年数据中共死亡8人；瑞典（统计68年数据）、丹麦和芬兰（统计63年数据）死亡率均为0。由此可见，涉氨制冷企业的安全生产是完全可以实现的。

在全球尚未找到更加合适的制冷剂替代品之前，氨在全球制冷行业的应用是必不可免的，也就是原国家安全监管总局《关于印发〈涉氨制冷企业液氨使用专项治理技术指导书〉的通知》中特别提到的“在专项治理过程中，应严格避免产生以‘氟利昂制冷剂代替氨制冷剂’的简单化做法所带来的环境问题；应通过科学的技术手段和监管措施，充分发挥其性能优势，确保其安全可靠运行，注重提升涉氨制冷企业的技术、管理水平，促进涉氨制冷企业的健康发展”的原因。

7.3.3　加强涉氨企业安全管理

通过对发达国家液氨安全管控成功经验的总结，针对我国液氨使用现状，涉氨制冷企业应该在加强规范化基础设施建设的基础上，在日常安全管理中加强基础设施、安全设施的维护和人员管理。

规范化基础设施建设。涉氨制冷企业的建造及其硬件设施必须满足安全生产的要求，即项目的设计、施工、安装必须符合现行国家标准《冷库设计规范》《冷库安全规程》，以及行业标准《氨制冷系统安装工程施工及验收规范》等标准规范的要求。

基础设施、安全设施的维护。涉氨制冷企业的安全事故通常是火灾和氨泄漏，一些是基础设施、安全设施的维护不当所致。火灾事故往往是由于火源与附近未加防火保护的保温材料引发的，如控制箱、灯具、电线接头等短路，以及维护过程中的切割、电气焊作业等。在专项治理过程中，发现很多老旧设备或二手设备“带病运行”，存在安全部件及救援装置失效等不安全现象，结合在检维修和运行过程的诸多事故教训，企业必须加强设备设施专业化安全管理。

人员管理，尤其是特种设备作业人员（固定式压力容器操作、压力管道巡检维护）、制冷设备维修工或制冷工以及特种作业（制冷与空调作业）人员的管理，企业必须配备一定数量且具有熟练操作技能的特种作业人员。由于制冷系统由制冷压缩机、压力容器、压力管道和相关阀件构成，其作业人员属于特种作业人员，相关人员应该按照《特种设备作业人员监督管理办法》进行管理，须经考核合格取得《特种设备作业人员证》后，方可从事相应的作业或者管理工作。从目前情况看，行业内具有特种设备作业资质（固定式压力容器操作 R1、压力管道巡检维护 D1）的人员数量还是跟不上产业的发展速度。

7.4 吉林省涉氨制冷项目安全调研

7.4.1 全省涉氨制冷企业安全监管简况

吉林省安全监管局重点对全省涉氨制冷企业的安全生产情况进行督导检查。截至 2018 年 10 月，吉林全省共有涉氨制冷企业 298 户，其中屠宰企业 26 户，冷库 115 户，食品加工企业 132 户，其他企业 25 户。停产或季节性生产企业占比 50%左右。2013 年以来，在全国统一部署下，吉林省开展了涉氨企业的专项治理工作。2018 年，为贯彻落实省委、省政府《关于开展“安全生产治理年”的实施意见》要求，将涉氨制冷专项治理列入全省十大治理工程，进一步推动相关企业落实主体责任，防范和遏制事故发生。

1. 各级重视，全面部署专项治理工作

几年来，各级监管部门都建立了工作领导小组，将液氨专项治理工作作为确保全省安全生产形势稳定好转的一项重要任务来抓。省安全监管局分管领导亲自主持召开专题会议，带头学习国家关于液氨使用专项治理相关文件，研究吉林省治理工作方案，制定治理措施。2018 年，省安全监管局专门组织专家，对全省重点企业进行了实地调研，编制了《吉林省涉氨制冷企业隐患整治指南》，对涉氨制冷企业隐患的判定标准和整治措施做了进一步明确。

2. 做好指导，齐抓共管重点治理

组织相关部门负责人和有关涉氨制冷企业负责人，参加专业培训。省安委办每年都要组织开展液氨使用专项治理培训，重点对《涉氨制冷企业液氨使用专项治理培训教材提纲》《涉氨制冷企业液氨使用专项治理技术指导书》等知识培训。2018 年省安委办组织培训班，重点解读了《吉林省涉氨制冷企业隐患整治指南》，指导各涉氨制冷企业按照专项治理工作要求，全面进行自查，整改隐患。

几年来，近1000人次参加了省级培训班。各市（州）也采取集中培训和组织专家送培训进企业等形式，对企业主要负责人、分管安全负责人和制冷车间负责人进行安全业务培训，并督促指导企业自行组织了全员安全培训。各监管部门按照《涉氨制冷企业执法检查表》《涉氨制冷企业液氨使用专项治理技术指导书》的要求认真检查指导企业，各企业按照《涉氨制冷企业自查自改表》认真进行自查自改，使液氨使用专项治理工作更具有操作性。各地安委办牵头，各相关部门联运，分别发挥行业管理、专业监管、综合监管的职责，对全省涉氨制冷企业进行全覆盖检查。

3. 规范管理，强化企业基础工作

对辖区内涉氨制冷企业进一步调查摸底，在原有基础台账的基础上，进行了修订和完善，对已停产或责令关停的企业予以销号。督促企业进一步完善有关规章制度、操作规程和应急预案，强化作业现场管理，规范企业安全生产行为。加强应急演练，采取较大企业自行组织演练和小微企业集中观摩大企业应急演练形式，多年来，各企业共组织各类演练200余次。

4. 加强督导，落实专项治理工作

省安委会办公室每年都组织成立监管干部和专家组成的检查组，采取督查、暗访、交叉互检等方式深入推动液氨使用专项治理验收工作的开展。各检查组分别由各地区局领导带队，对互检地区随机抽查县区和企业，在相互检查的同时，各地相互交流学习对方的监管经验，开阔了视野，提高了监管能力和水平。

5. 加大力度，严格管控重大隐患和重大危险源

突出重大隐患治理和重大危险源监控这个关键，进行严格治理和监控。对重大隐患实行挂牌督办。各级各部门要求对排查出来的“两类重大隐患”实行挂牌督办，并跟踪调度治理情况。严格重大危险源监控。经各地组织企业辨识，确定涉氨制冷企业危险化学品重大危险源数量，目前构成重大危险源的企业35户企业正逐步与省级智能监管平台对接。严肃整治安全生产违法违规行为。各地加强联合执法，突出对资质证照不全、工程设计不规范、安全防护距离不足、特种设备未检测、安全设施不完善、制度不落实等问题，采取下达整改指令、依法取缔关闭、责令停产整顿、限期整改、行政处罚等措施进行重点治理。

7.4.2　吉林省涉氨制冷企业安全调研

在吉林省、市、区科协及安全监管局领导的大力支持下，吉林省食品冷链调研项目组于2018年11月6～9日对吉林省的17家涉氨制冷企业进行了细致的安全调研。调研小组成员由享受国务院特殊津贴专家、中国/北京市安监局专家、中国制冷学会理事、行业知名企业专家等共9人组成。

本次调研所采用的标准为《氨制冷企业安全规范》AQ 7015—2018的相关条

款，如表 7-1 所示，全部调研均为现场完成。从规范、文件记录至现场运行维护，共计设置 41 项调研内容，皆与液氨制冷系统安全直接相关，相应设置调研重点内容（可执行）、对应分值及细化评分标准，总分 100 分。其中 A 类（重要影响）：35 项，B 类（一般影响）：6 项，A 类中包含否决项（致命安全隐患）：5 项。各项调研均包含调研内容、重要度/否决项、分值、调研重点及评定标准。

液氨制冷系统调研内容即评定标准 **表 7-1**

项目	调研内容	重要度	否决项	项目分值	依据	调研重点	评定标准
1	氨制冷工程项目，应按照国家有关法律、法规和标准、规范的要求进行设计、施工及工程验收	A		6	《氨制冷企业安全规范》AQ 7015—2018，4.1	是否有资质设计安装验收相关文档材料对应资质	3 项各 2 分
2	当班操作人员必须持证上岗	A		4	《氨制冷企业安全规范》AQ 7015—2018，4.2	检查是否有对应上岗证	发现一班无证上岗，扣 2 分，扣完为止
3	压力容器、压力管道、压力表、安全阀等安全设施应由具有相关资质的检验机构定期校验，并出具有效检测合格报告，不具备有效检测合格报告和不符合安全生产条件的设备设施应及时更换	A		8	《氨制冷企业安全规范》AQ 7015—2018，4.11	看文字存档和现场	4 项各 2 分
4	快速冻结装置回气集管端部封头等部位的焊缝质量应符合现行行业标准《氨制冷系统安装工程施工及验收规范》SBJ 12 及相关标准的要求	A		2	《氨制冷企业安全规范》AQ 7015—2018，5.18	现场询问是否有探伤记录，如果没有氩弧焊，基本不合格	不合格不得分
5	氨制冷机房应设置防爆型事故排风机，排风量应按设计要求确定。在控制室排风机控制柜上和制冷机房门口外墙上应安装人工启停控制按钮，确保排风机既能通过气体浓度报警装置的报警信号自动开启，又能人工控制启停	A		2	《氨制冷企业安全规范》AQ 7015—2018，5.24	部分现场看并准备订购合同或说明书，事故排风量应按 $180m^3/(m^2 \cdot h)$ 进行，最小排风量不应小于 $34000m^3/h$	不合格不得分

续表

项目	调研内容	重要度	否决项	项目分值	依据	调研重点	评定标准
6	氨浓度报警装置:应在校验有效期内。对于化学式传感器,发生报警信号后,应及时进行校验	A		2	《氨制冷企业安全规范》AQ 7015—2018,6.3.7	准备材料并现场调查,探测器至少要位于机组,氨泵,贮氨器处,并提示电化学有效期	不合格得分
7	企业应建立健全氨制冷系统操作规程。(包含:压缩机,冷凝器,贮氨器,蒸发器,氨泵,油分,经济器,循环桶等以及放空气,热氨融霜,放油及制冷系统液氨充注与排出等)	A		10	《氨制冷企业安全规范》AQ 7015—2018,6.2	提前准备操作规程和相应证件,管理制度等和第 1 项一起询问,设备和操作	缺一项扣一分,扣完为止
8	运行参数及安全设施状态应至少 2h 记录一次	A		4	《氨制冷企业安全规范》AQ 7015—2018,8.43	查阅运行记录	不合格不得分

其中，设立的 5 项“否决项”内容如表 7-2 所示，包括“操作间空调系统不应采用氨直接蒸发系统”“制冷机房防火间距”“不应使用灰铸铁阀门”“氨管道不应穿过人员密集场所”及“速冻设备应设置在单独的作业间中”，均为涉氨制冷企业的重大安全隐患相关内容。

“否决项”内容　　表 7-2

项目	调研内容	重要度	否决项	项目分值	依据	调研重点	评定标准
9	包装间、分割间、产品整理间等人员较多生产场所的空调系统不应采用氨直接蒸发制冷系统	A	Y	一级否决	《氨制冷企业安全规范》AQ 7015—2018,5.3	现场询问、观察	一级否决项
10	氨制冷机房的生产火灾危险性类别为乙类。氨制冷机房与其他建筑的防火间距应符合现行国家标准《建筑设计防火规范》的规定,氨制冷机房与民用建筑的防火间距不应小于 25m,与重要的公共建筑之间的防火间距不宜小于 50m	A	Y	一级否决	《氨制冷企业安全规范》AQ 7015—2018,5.5	现场观察,估算测量	一级否决项

续表

项目	调研内容	重要度	否决项	项目分值	依据	调研重点	评定标准
15	氨制冷系统应采用专用钢制阀门,禁止使用灰铸铁阀门	A	Y	一级否决	《氨制冷企业安全规范》AQ 7015—2018,5.17	国产灰铁法体上“HT”,球铁“QT”现场拍照	一级否决项
20	氨管道不应穿过有人员办公、休息和居住的建筑物及人员密集场所	A	Y	一级否决	《氨制冷企业安全规范》AQ 7015—2018,5.28	现场观察	一级否决项
21	快速冻结装置应设置在单独的作业间内	A	Y	一级否决	《氨制冷企业安全规范》AQ 7015—2018,5.31	现场观察	一级否决项

结合供给侧改革，建立氨制冷系统安全分级认定机制：2015 年 3 月 20 日，《北京市餐饮服务单位食品安全量化分级管理办法》公布并开始执行，6.2 万余家餐饮服务单位的安全状况都将进行评估分级，并将分级结果以消费者便于识别的符号（见图 7-1），通过张贴、悬挂餐饮单位量化等级公示牌及监督信息公示栏的方式（见图 7-2），向社会公示。

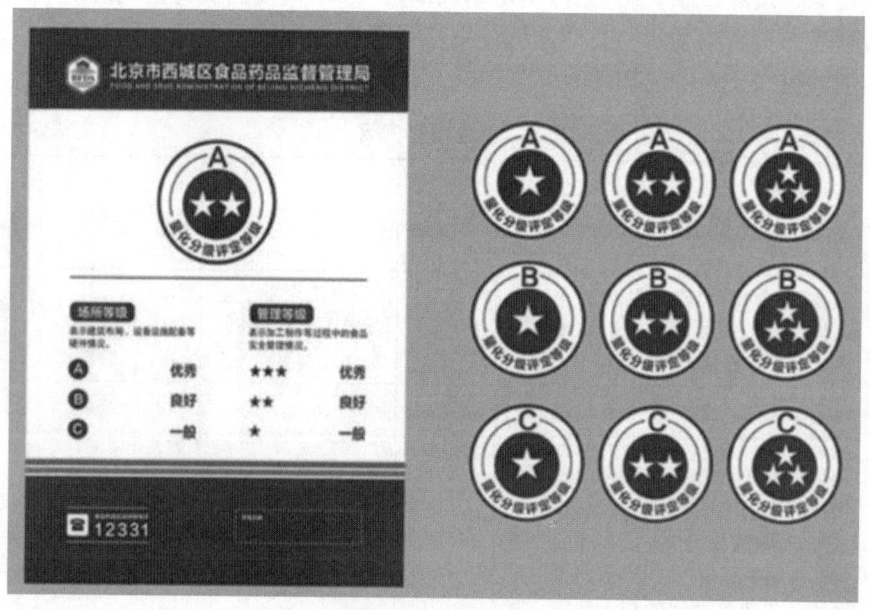

图 7-1　量化分级评定等级标识

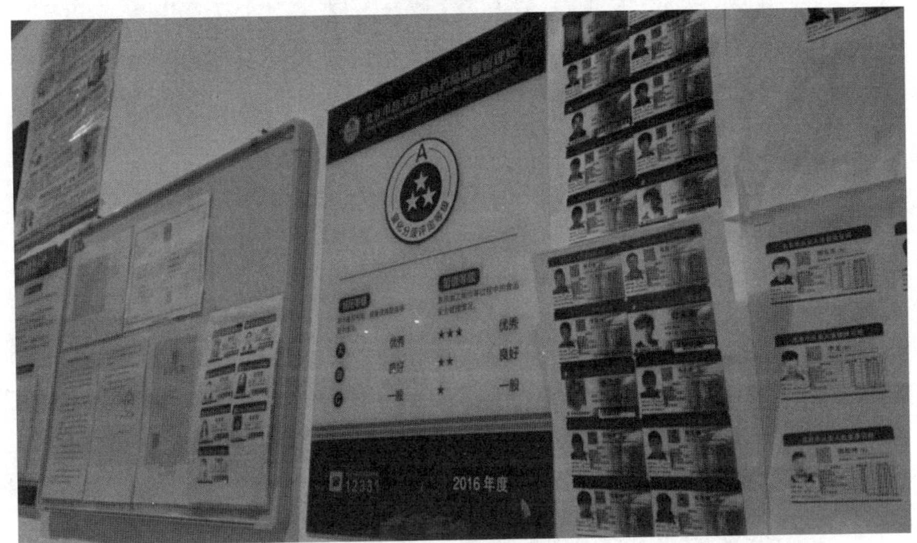

图 7-2　监督信息公示栏

本次的调研组专家效仿上述量化分级管理方法，也对 17 家涉氨制冷企业的调研结果进行了分组和建议，建议结合供给侧改革方针，支持先进产能，淘汰落后产能如下：

（1）调研结果：90～100 分，3 家（18%），标杆企业，安全认定“优”；

（2）调研结果：70～90 分，7 家（41%），合格企业，安全认定“良”；

（3）调研结果：50～70 分，4 家（23%），整改企业，安全认定“中”；

（4）调研结果：<50 分，3 家（18%），关停企业，安全认定“差”。

通过调研，可以发现吉林省涉氨制冷企业中有一批优秀企业（如：长春伊利冷冻食品有限责任公司、长春众品食业有限公司和长春华商冷藏物流有限公司），将安全管理作为企业生产运营的重中之重，无论是标准规范及文件记录，还是现场管理都能做到尽善尽美，41 项调查（共计 100 分）的得分超过 90 分，且不涉及否决项内容，如图 7-3 所示。推荐作为吉林省涉氨制冷安全管理的标杆企业，在吉林省、市、区安全监管局的领导下发挥标杆作用，积极带动其他企业的安全管理更上一层楼。

同时，调研中也有 40%左右的企业存在较多的安全管理问题，无论是标准规范及文件记录，还是现场管理方面都存在较大的改进空间，调研组对本次现场调研所发现的涉氨制冷企业安全问题进行了分析总结，具有共性的问题如下：

（1）制冷机房、冷藏间、冻结间、冷却间、制冰间、暂存间、加工间等房间应设置“非专业操作人员免进”等标示牌（14 家企业涉及扣分，占比达 82%，图 7-4 所示为非专业操作人员在排管直接冷却处低温穿堂工作）。

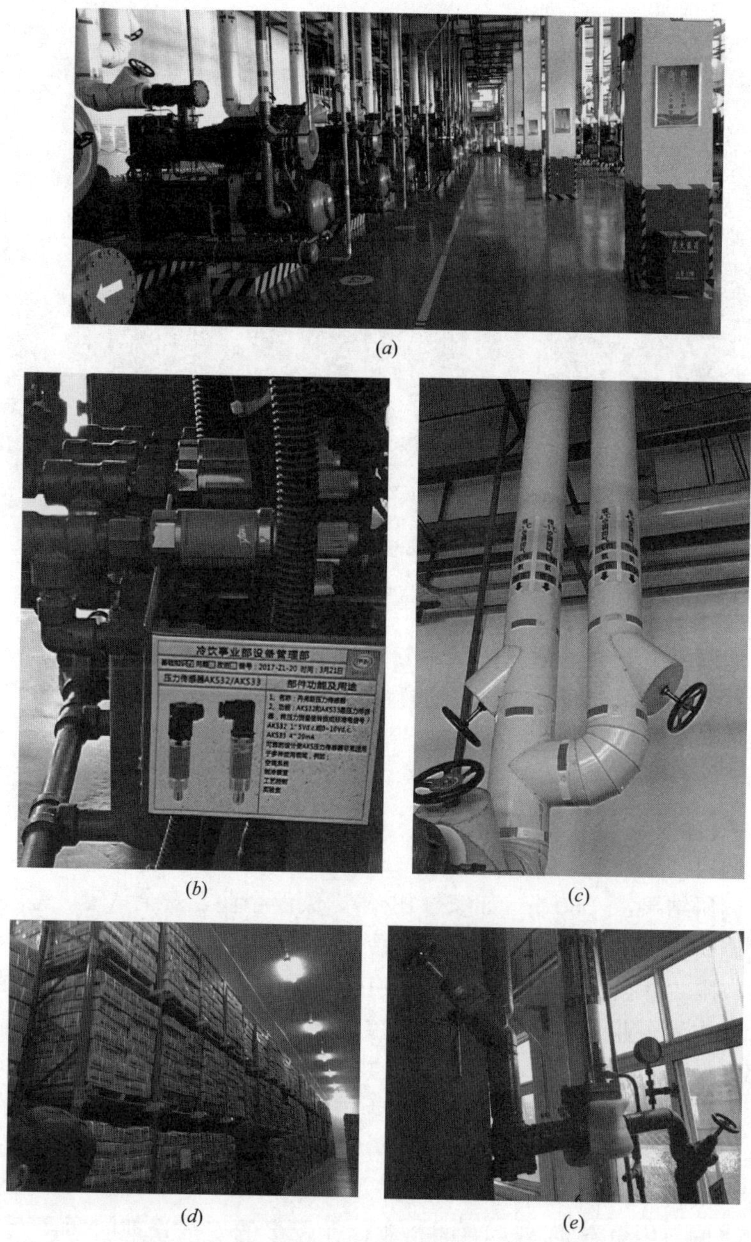

(*a*)

(*b*) (*c*)

(*d*) (*e*)

图 7-3 优秀冷链企业示例

(*a*) 机房整洁、规范；(*b*) 设备标识清晰；(*c*) 管路表示清晰；

(*d*) 冷库整洁、规范；(*e*) 除霜压力控制规范、标识明显

（2）制冷系统加氨站、集油器放油口、调节站操作阀组、紧急泄氨器、空气分离器、贮氨器、配电柜等关键操作部位应设置指导操作用标示牌（14 家企业

涉及扣分，占比达 82%，如图 7-5 所示）。

(a)

(b)

图 7-4　非专业操作人员在排管直接冷却处低温穿堂工作

(a) 示例 1；(b) 示例 2

图 7-5　标示牌缺失

（3）压力容器、压力管道、压力表、安全阀等安全设施应由具有相关资质的检验机构定期校验，并出具有效检测合格报告，不具备有效检测合格报告和不符合安全生产条件的设备设施应及时更换（12 家企业涉及扣分，占比达 71%，如图 7-6 所示）。

（4）采用热氨融霜的制冷系统，应设置融霜压力控制装置，热气融霜压力不得超过 0.8MPa（表压）（12 家企业涉及扣分，占比达 71%，如图 7-7 所示）。

（5）低压循环桶、中间冷却器、氨液分离器、排液桶的存液量不应超过容器容积的 2/3，且液位高度不应超过高液位报警线（12 家企业涉及扣分，占比达 71%）。

（6）氨制冷工程项目，应按照国家有关法律、法规和标准、规范的要求进行设计、施工及工程验收（11 家企业涉及扣分，占比达 65%）。

（7）氨制冷机房应设置防爆型事故排风机，排风量应按设计要求确定。在控

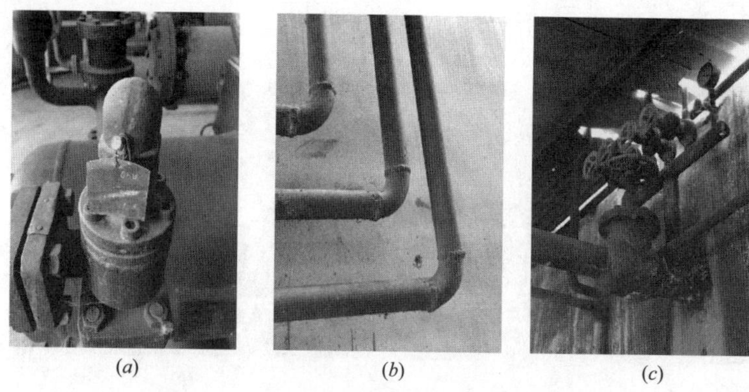

(*a*) (*b*) (*c*)

图 7-6 不符合安全生产条件的设备示例

(*a*)安全阀校验过期;(*b*)压力管道焊接质量差;(*c*)压力管道锈蚀严重

图 7-7 无压差控制

制室排风机控制柜上和制冷机房门口外墙上应安装人工启停控制按钮,确保排风机既能通过气体浓度报警装置的报警信号自动开启,又能人工控制启停(11 家企业涉及扣分,占比达 65%,如图 7-8 所示)。

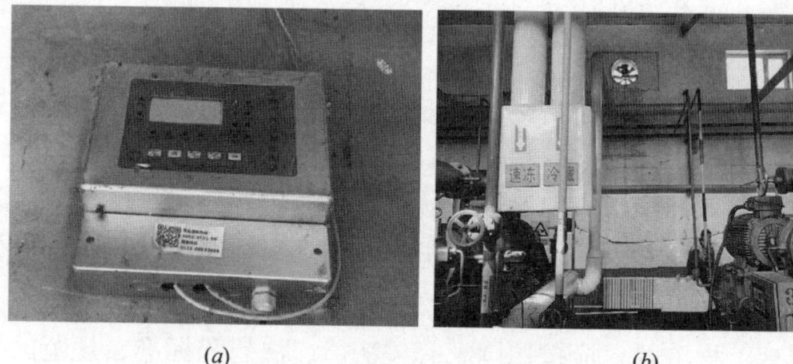

(*a*) (*b*)

图 7-8 排风设施不规范示例

(*a*)气体浓度报警装置设置错误;(*b*)排风机风量不足

（8）设于室外的贮氨器、冷凝器、油分离器、集油器、空气分离器等制冷设备及加氨站，应有防止非操作人员进入的围栏并设危险作业场所等安全警示标识（11 家企业涉及扣分，占比达 65%，如图 7-9 所示）。

图 7-9　加氨和泄氨设施不规范示例

（*a*）从紧急泄氨器加氨，没有护栏和标示牌；（*b*）加氨站不规范；（*c*）紧急泄氨器安装错误；（*d*）标识缺失

（9）企业应建立健全氨制冷系统操作规程（包含：压缩机、冷凝器、贮氨器、蒸发器、氨泵、油分、经济器、循环桶等以及放空气、热氨融霜、放油及制冷系统液氨充注与排出等）（10 家企业涉及扣分，占比达 59%，如图 7-10 所示）。

图 7-10　操作规程缺失

（10）运行参数及安全设施状态应至少 2h 记录一次（10 家企业涉及扣分，占比达 59%）。

（11）氨制冷机房应设置氨气浓度报警装置，当空气中氨气浓度达到 $150\times10^{-6}m^3$ 时，应自动发出报警信号，并应自动开启制冷机房内的防爆型事故排风机。氨气浓度传感器应安装在氨制冷机组、氨泵及贮氨器的上方（10 家企业涉及扣分，占比达 59%，如图 7-11 所示）。

图 7-11 氨气浓度感应器缺失

（12）压力容器应完好。1）铭牌应完好并清晰可见；2）应确保其密封性，无变形、锈蚀等损伤，基础无裂缝和不均匀沉降（10 家企业涉及扣分，占比达 59%，如图 7-12 所示）。

(a)

(b)

(c)

图 7-12 压力容器及其相关设备不规范示例

（a）压力表模糊不清；（b）压力表破损，无检测记录；（c）铭牌锈蚀不清

（13）冷库库房、加工车间（含安装有快速冻结装置的房间外）及氨压缩机房和设备间等涉氨场所均应在明显位置设置警示标识和中文警示说明牌。警示说明应当载明产生职业中毒危害的种类、后果、预防以及应急救治措施等内容（10

家企业涉及扣分，占比达 59%）。

（14）压力容器液位计应有保护装置，显示面应无损且清洁、有效；安装位置应便于操作人员观察，液位计最高和最低液位应有明显标记（10 家企业涉及扣分，占比达 59%，如图 7-13 所示）。

（15）企业应按照现行国家标准《个体防护装备选用规范》GB/T 11651 要求，配备一定数量的个体防护装备。制冷机房应配备日常检维修作业所需的有效的防护器具，过滤式防毒面具（氨气专用滤毒罐、隔离式防护服）、橡胶手套、胶靴、化学安全防护眼镜，应满足在岗人员一人一具。构成重大危险源的企业应按照现行国家标准《危险化学品单位应急救援物资配备要求》GB 30077 的规定，至少配备两套正压式空气呼吸器、化学防护服（10 家企业涉及扣分，占比达 59%，如图 7-14 所示）。

图 7-13　无液位计

图 7-14　空气呼吸器失效

综上调研结果，经调研小组深入讨论，为吉林省相关部门提出以下氨制冷相关企业安全管理建议如下：

（1）建议结合供给侧改革，建立氨制冷系统安全分级认定机制（根据标准进行定期检查记录及评定分级），以某区涉氨企业管理为例，将省/市/区的涉氨制冷企业安全管理“可视化”，支持先进产能，淘汰落后产能。

（2）对于重大危险源企业（存氨量超过 10t）的制冷系统用压力容器，其压力、液位及温度除做到 24h 不间断监控外，建议加装传感器元件实现与安全控制室的有效连接，做到现场和监控室均可实时监控。

建议使用氨速冻装置的企业按照《国务院安委办公室关于继续深入开展涉氨制冷企业液氨使用专项治理的通知》（安委办〔2014〕10 号）的要求，将速冻装置设在单独的作业间内，作业人员不得超过 9 人，并且在速冻装置进、出口上方设置氨气浓度探测装置，与报警装置和事故排风机联动，同时将信号传至机房监控室。

（3）针对涉氨企业普遍存在的压力容器、压力管道、压力表、安全阀等安全设施处于检验机构定期校验阶段但尚未获得检测合格报告空档期的情况，建议检验机构为企业提供校验凭证及预计提供校验结果的明确日期，让企业充分了解检验机构的工作流程，提高工作效率及积极应对相关的检查。

（4）制冷系统加氨站、集油器放油口、调节站操作阀组、紧急泄氨器、空气分离器、贮氨器、配电柜等关键操作部位应设置指导操作用标示牌。标识缺失也是本次调研的一个重要发现，部分企业仍存在“老师傅凭经验操作”的状况，用于系统调节的阀件缺失有效的指示标识，建议作为后续监察的一个重点内容落实到位。

（5）压缩机、冷凝器、贮氨器、蒸发器、氨泵、油分、经济器、循环桶等以及放空、热氨融霜、放油及制冷系统液氨充注与排出等运行参数及安全设施状态的记录，建议由省安监局统一规范化管理，提供给涉氨制冷企业标准记录表并通过培训方式来统一记录及监察规范。

（6）氨浓度报警装置是制冷系统安全后备保护的重要元件，建议由安监局组织涉氨制冷企业相关安全负责人进行系统培训，了解氨浓度报警装置的设定、维护及定期送检校验的相关要求和流程。同时建议安监局为企业推荐几家氨浓度报警装置的合格供应商，将氨浓度报警装置的作用落到实处。

除以上六点外，还建议在地方涉氨制冷企业安全专项治理的过程中，应严格避免产生“以氟利昂制冷剂代替氨制冷剂”的简单化操作，此类操作一方面将带来严重的环境问题，同时对于需要大冷量的冷库及食品加工企业来说，也将相应承担高昂的制冷系统运行成本，并不是正确的操作方式。应通过科学的技术手段和合理有效的监管措施，充分发挥天然制冷剂的性能优势，确保其安全可靠运行，注重提升涉氨制冷企业的技术和管理水平，促进涉氨制冷企业的健康发展。

第8章　先进冷链技术

近年来，随着人们对食品安全和食品品质愈加重视，冷链技术亦成为研究热点，新技术和新产品不断涌现。下面从冷加工（预冷和速冻）、冷冻冷藏、冷藏运输和冷链信息化四个方面介绍近年来发展的冷链新技术。

8.1　冷加工技术

8.1.1　果蔬预冷技术

1. 撬装式压差预冷技术

压差预冷是利用一定的装置在产品包装两侧形成压力差，增强冷空气流动，使冷空气与产品充分接触换热，快速去除果蔬产地热的预冷技术（见图8-1）。压差预冷需要果蔬包装箱两侧必须打孔，包装后按一定方式放在风道两侧，风机强制冷风循环在箱体两侧产生压力差，冷风从箱内通过，将箱内果蔬热量带走，达到冷却的目的。

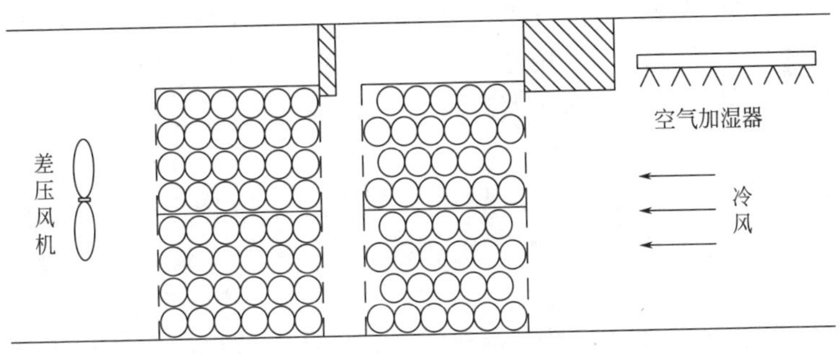

图8-1　压差预冷原理图

压差预冷果蔬从常温冷却到5℃只需2～6h，具有运行简单、预冷速度快、费用低、适用范围广等优点，目前已成为国内外果蔬预冷的主要方式。但是存在造价高、每年使用率低等问题。针对这个问题，近年来开发了撬装式压差预冷技术，使得设备具备可移动功能，在达到预冷目的的基础上解决了预冷设备移动性差的问题（见图8-2），提高了设备使用率，可满足果园、田间地头、农贸市场等多种场合的应用要求。

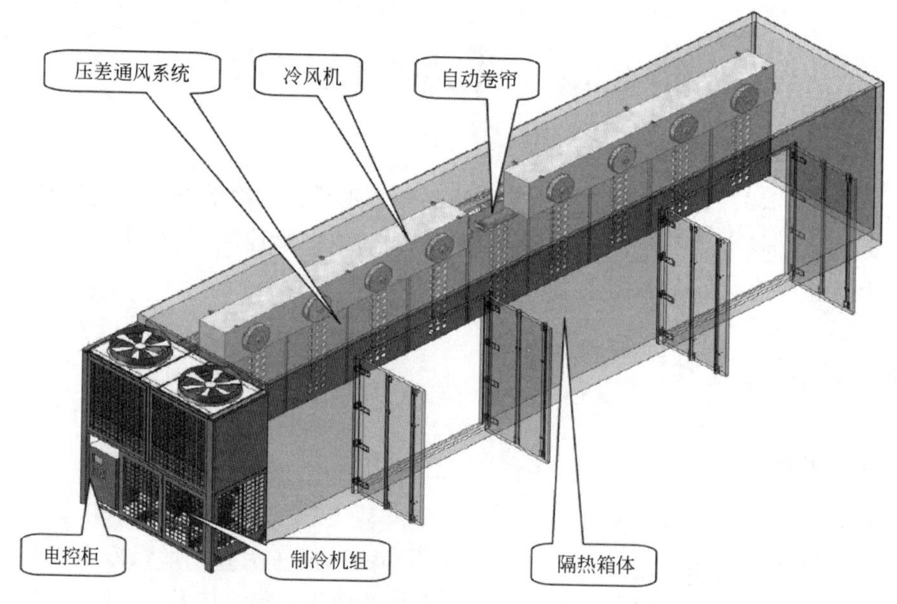

图 8-2　撬装式压差预冷设备示意图

2. 基于流态冰蓄冷的预冷技术

流态冰是一种特殊的冰水混合物，比热容大且流动性好，既可以直接对果蔬进行预冷，又可以制取低温高湿空气对果蔬进行预冷。过冷水动态制冰技术，利用水过冷不结冰的特性，对过冷水的温度和流动加以控制，并在过冷解除装置中消除过冷，不断产生冰晶。采用过冷水动态制冰，蒸发温度在－5℃以上，预冷运行费用低；冰晶小，比表面积大换热快；冰晶松软，可直接与果蔬接触，不损坏食物且对果蔬损伤小。

基于流态冰蓄冷技术可分别与冰水预冷、差压预冷和真空预冷进行结合，形成流态冰冰水预冷装备、流态冰差压预冷装备、流态冰真空预冷装备。

图 8-3 为流态冰压差预冷装备示意图。利用冰水载冷流体与循环空气进行冷量交换，有效降低空气温度和提升空气相对湿度，加快预冷速度，降低设备和运行成本，减少果蔬预冷失水率。流态冰差压预冷装备可实现装机功率下降 30%，运行成本降低 20%。

通过与不同预冷方式结合以及不同果蔬与流态冰或者低温高湿空气间的传热传质规律，提高果蔬预冷速度，降低流态冰消耗。在保证实现果蔬预冷节能的同时，一方面通过流态冰蓄冷降低设备的装机容量和初始投资，另一方面通过流态冰蓄冷实现电网的“削峰填谷”，降低流态冰预冷装备的运行费用。

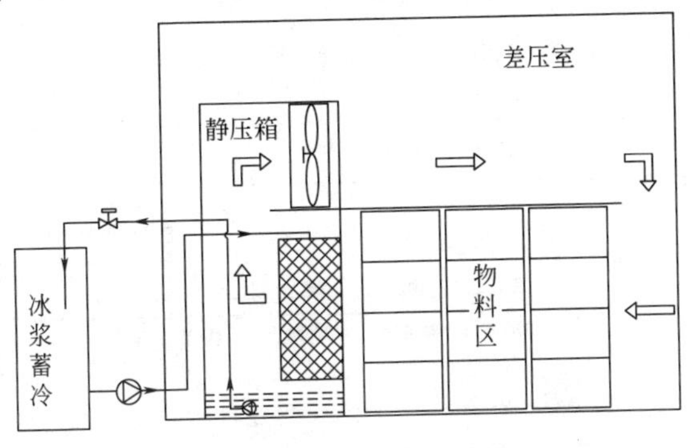

图 8-3　流态冰差压预冷原理图

8.1.2　速冻技术

1. 冲击式速冻技术

冲击式速冻是利用喷嘴中喷出的高速冷气流冲击食品的上部或是同时冲击食品的上部和下部表面（见图 8-4），通常气流速度高达每秒十几米到几十米，破坏食品表面热边界层，强化冷气流和食品之间的对流换热，从而加快食品的冻结速度，形成更小、更均匀的冰晶，减少对食品内部组织的破坏；另一方面在高速冷气流的作用下，食品表面能够迅速冻结，减少了食品内部水分向表面的迁移，降低了速冻食品的干耗，提升了食品的冻结品质。相比于传统的隧道式速冻机，由于冲击式速冻具有较高的传热速率，所以具有体积更小、效率更高等优势。除此之外，冲击式速冻能够显著减少冻结时间，在一定程度上能够降低冻结能耗。近年来，冲击式速冻机也凭借其更好的冻结效果及较小的能耗，逐渐被应用于诸如鸡肉片、牛肉饼、鱼肉片、扇贝等扁平、小颗粒的食品速冻中。

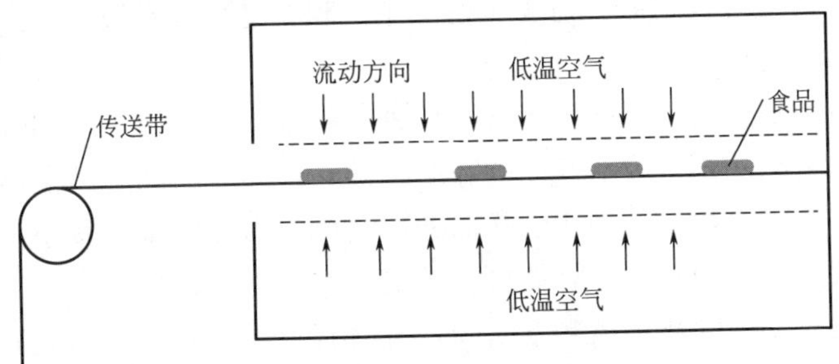

图 8-4　冲击式速冻原理图

2. 超低温速冻技术

低温工质（如液氮、液体 CO_2、LNG 等）速冻具有冷却介质温度低、冻结速冻快、冻结食品品质高、设备简单、使用寿命长等优点。目前已利用液氮气化技术，解决了一些货架期极短的易腐食品（草莓、毛豆、河豚等）的保鲜问题。图 8-5 为已开发的超低温速冻处理设备示意图。

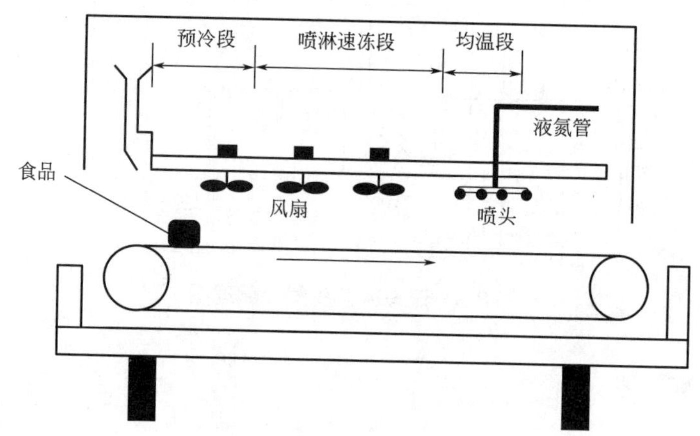

图 8-5 超低温速冻设备示意图

目前液氮冻结装置在市场上主要有三种形式：直接喷淋式、间接喷淋式（用风机循环）、连续冻结式（包括隧道式和螺旋式冻结）。

液氮速冻具有以下明显优点：

（1）冷冻速度快（冻结速度比一般冻结方法快 30～40 倍）：采用液氮速冻，可使食品迅速通过 0～5℃最大冰晶生长带。

（2）保持食品品质：由于液氮速冻时间短，经液氮速冻的食品可以最大限度地保持加工前的色、香、味及营养价值。

（3）物料干耗小：一般冻结的干耗损失率为 3%～6%，而液氮速冻可减少到 0.25%～0.5%。

（4）设备与动力费用低，易于实现机械化和自动化流水线，提高生产率。

3. 磁场辅助速冻技术

所谓的磁场辅助速冻是指在传统冻结方式的基础上，施加不同强度或频率的恒定磁场或交变磁场等，改变食品的冻结特性，改善食品的冻结品质。磁场的施加能够增加食品的过冷度，加快食品的冻结速度，形成较多、较小的冰晶，从而减少对食品细胞结构的破坏，降低食品的失水率，对于食品的长时间储存具有重要意义。磁场对食品的影响是多方面的，目前有一些较为普遍的说法：基于食品本身的组成成分，生物组织中的铁磁性材料能够与外界的磁场之间产生强烈的相互作用，尤其是在相对较低的外加磁场的作用下，铁磁性在磁场诱发的电场、反磁性、顺磁性和铁磁性四种物理现象中占主导地位，磁场诱发的微粒振动能够破坏冰晶的成核，进而形成较小的冰晶；从分子动力学的角度来看，磁场能够影响水分子的氢键，一般来说，磁场能够加强水分子簇间的氢键，同时弱化水分子簇内的氢键，使得大的水分子簇破裂成为小的水分子簇，有利于保持细胞的结构形态（见图 8-6）；从力学的角度来看，在磁场作用下带电原子的热运动产生的洛伦兹力会对正负电荷产生相反的作用，正负电荷中心的距离增加导致氢键减弱，从而形成较小的冰晶；除此之外，交变磁场还会引发水分子的振动从而增加过冷度，抑制冰晶的形成从而形成更小的冰晶。

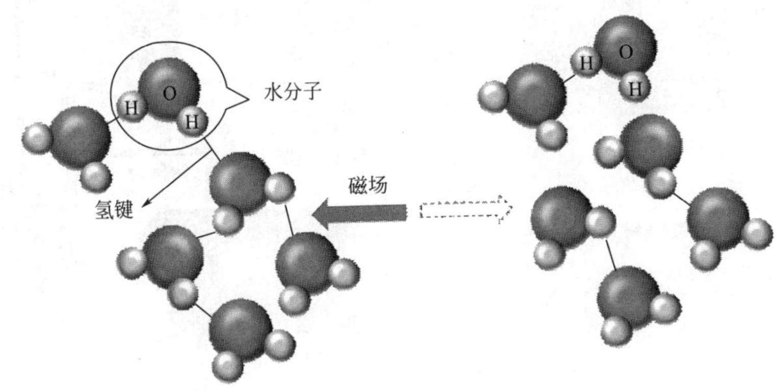

图 8-6 磁场对冰晶形成的作用机理

8.2 冷冻冷藏技术

8.2.1 氨制冷剂充注减量技术

首先，可以采用分散式制冷系统，将大的冷库制冷系统分割为多个小的系统，降低单个制冷系统的氨充注量。

其次，可以采用低循环倍率的供液系统，同时利用冷风机代替国内普遍使用的冷排管，可大大降低系统的充氨量。迄今为止，北京二商集团的西郊冷库在 2014 年完成改造，采用的是定量泵供液系统，放弃了多倍供液方式，成功减少了氨的充注量，可减少氨充注量 30%以上。

另外，采用间接式制冷系统，可以在很大程度上减少氨的使用量，而且还能做到将用氨区域和库内区域隔离，使得人员操作更加安全。目前该项技术主要有 NH_3/CO_2 载冷剂制冷系统和 NH_3/CO_2 复叠式制冷系统。NH_3/CO_2 载冷剂制冷系统是由主回路 NH_3 制冷剂循环系统和载冷剂 CO_2 循环系统两个独立子系统组成（见图 8-7），而 NH_3/CO_2 复叠式制冷系统是把 NH_3 作为高温级制冷剂，CO_2 作为低温级制冷剂的复叠式两级制冷系统（见图 8-8）。

在蒸发温度≤−20℃的工况下，复叠系统 *COP* 高于单级 NH_3 压缩制冷系统、单级 NH_3 压缩载冷剂制冷系统以及双级 NH_3 压缩载冷剂制冷系统；在蒸发温度≤−40℃的工况下，复叠系统 *COP* 高于双级 NH_3 压缩制冷系统。综合考虑安全性与成本回收等因素，推荐低于－25℃工况，采用复叠系统作为供冷系统。

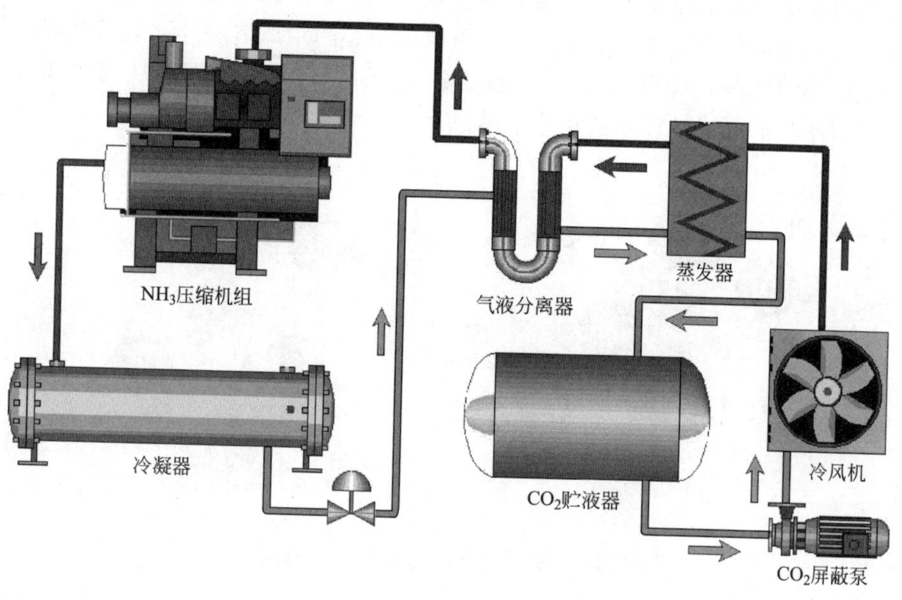

图 8-7　NH_3/CO_2 载冷剂制冷系统

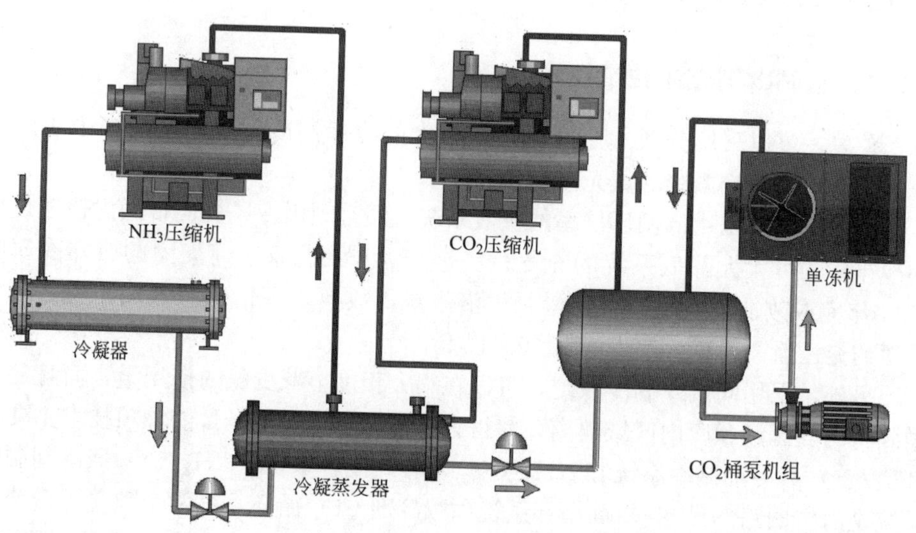

图 8-8　NH_3/CO_2 复叠式制冷系统

8.2.2　氨泄漏检测技术

氨冷库的泄漏预警技术目前主要采用的是氨浓度报警装置，这种方法存在着反应时间较长、选择性较差、无法提供准确泄漏位置信息等问题。

目前国内已发展了以流量压力检测法、红外热成像测温、分布式光栅测温三种检测方案综合应用多角度检测的氨泄漏检测系统，在某冷库进行了示范应用，响应报警时间≤1s（浓度达到150ppm），泄漏点位置≤1m，取得了良好的氨泄漏检测效果。

8.2.3　宽温区冷热联供集成系统

由于制冷系统存在大量冷凝热排放，为了将制冷系统的冷凝热回收及利用，目前国内开发了一系列能够满足用户不同温度下用热需求的技术及产品即宽温区冷热联供集成系统（见图8-9），其可以提供50～180℃的热水，2～8bar的蒸汽，达到节能目的。

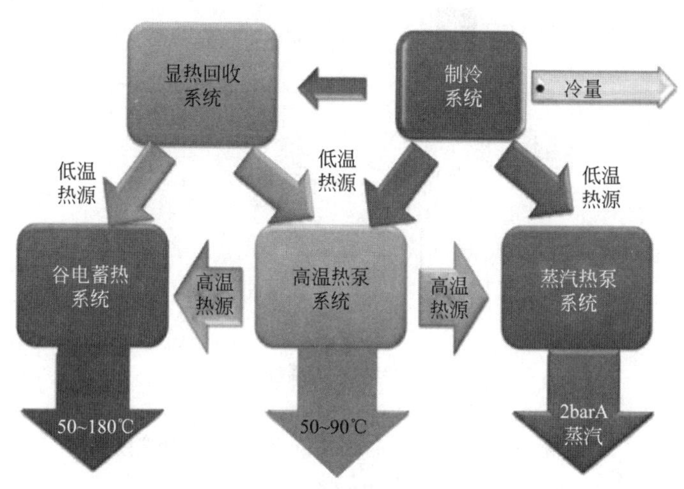

图8-9　宽温区冷热联供集成系统图

制冷系统的冷凝热通过简单的显热回收可以回收到30～60℃的低温热水，用于地面清洗、洗手、淋浴；显热回收加高温热泵，可以回收到60～90℃的高温水，用于工艺用水或者生活供暖；谷电蓄热应用比较灵活，可以回收到60～180℃的高温热水，用于热能储备或者消毒杀菌，移峰填谷，可以用来解决瞬时制热量不足以及冷热量时段不匹配的问题，考虑到峰谷电价的存在，它的制热水成本可以与燃气锅炉齐平；在高温热泵的基础上增加蒸汽热泵系统可以回收到100～200℃的热水或者蒸汽，用于热量的补给或者蒸煮。集成了低温制冷、高温制热、谷电蓄热、微压蒸汽及蒸气增压等系统于一体，开发了宽温区高效制冷供热耦合系统集成技术，实现了－55～180℃温度范围内的高效环保的冷热联供零排放、水汽同制大温区的工程应用。

8.3 冷藏运输技术

8.3.1 冷藏运输用压缩/喷射循环系统

冷藏运输的能耗是通过运输工具的油耗来表征的，制冷系统耗能在运输工具总耗能中占有大约 1/3 的比例。压缩/喷射系统可以有效利用系统中膨胀过程损失的能量来实现节能。实验测试结果表明，制冷机的能耗降低了 27%，车辆整体耗能降低了 5%。相比膨胀阀节流制冷机，在相同的制冷量情况下，*COP* 提升了 32%。其系统原理图如图 8-10 所示。

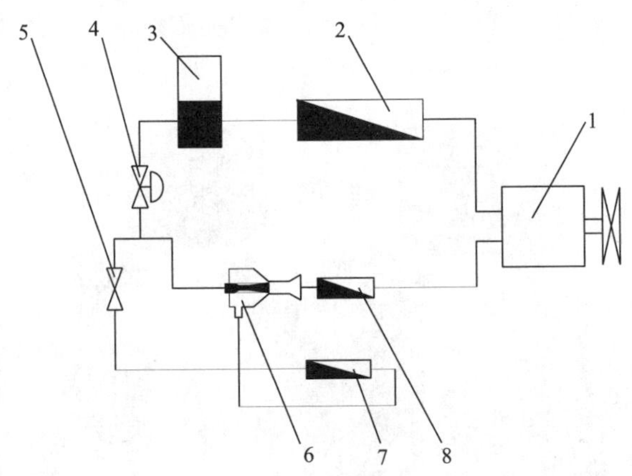

图 8-10 喷射循环系统原理图

1-压缩机；2-冷凝器；3-储液器；4-膨胀阀；
5-节流阀；6-喷嘴；7-下风侧蒸发器；8-上风侧蒸发器

8.3.2 多温区、多空间冷藏技术

多温区、多空间冷藏运输是一种合理利用物流资源的技术。通过将车厢内的空间进行分区，然后利用制冷系统制造和保持不同的车厢温度（如三温区：高温区 0～10℃，中温区－20～0℃，低温区－40℃），用以实现不同种类、不同储藏温度的易腐货物的运输（见图 8-11）。

多温区冷藏车能够实现多种货物同一批次的运输，将区域间整车运输的优势发挥到极致，不仅节省运输时间，降低运输成本，同时保证了不同货物对温度的不同需求。

8.3.3 蓄冷式冷藏运输

蓄冷式冷藏运输车利用蓄冷板相变蓄冷来维持车厢内低温环境（见图 8-12）。

图8-11　三温区冷藏车实物图

蓄冷式冷藏车可采用地面电源或地面制冷机组为蓄冷板蓄冷，减小车用燃油，蓄冷效率高；车辆运行时蓄冷机组不工作，蓄冷机组有着故障率低、维修费用低、使用寿命高等优点 ；蓄冷式冷藏车在运输过程中利用相变“释冷”，保温厢体内温度波动较小，能够维持恒定的温度。蓄冷式冷藏运输车将在冷藏运输领域有较好的发展前景。

图8-12　蓄冷式冷藏车

8.3.4　电动冷藏车

在冷链物流最后一环配送过程中，需要有中小型冷藏配送车来进行配送，保证商品的全程处于适宜的冷藏环境。为了保护环境，近年已开发出机车驱动和冷藏箱制冷驱动均采用电池驱动的电动冷藏车。图8-13为电动冷藏三轮车，有单温区冷藏三轮车和冷藏冷冻双温区冷藏三轮车，来满足城市冷链配送的“最后一公里”需求。

图 8-13　电动冷藏三轮车

8.4　冷链信息化

食品冷链物流过程中主要应用的信息技术包括：传感器技术、包装标识技术、远距离无线通信技术、过程跟踪与监控技术以及智能决策技术。不同类别的技术，在包装仓储、物流配送和批发零售等物流各个阶段各司其职，是组成食品物流过程信息化管理不可或缺的要素，图 8-14 展示了各种信息技术在物流信息化过程的作用。

冷链信息化主要包括以下关键技术：

8.4.1　信息感知技术

在环境信息感知方面，可以利用的传感器技术包括温度、湿度、光照、空气含氧量、乙烯含量、硫化氢含量等，实现对环境参数的监测。在产品位置感知方面，结合 GPS、北斗导航等定位系统，利用智能手机等移动终端，提高配送车辆、人员的感知精度，从而辅助路径优化和管理决策。在产品品质感知方面，可以利用机器视觉、红外光谱、拉曼光谱、荧光光谱、激光光谱、电子鼻、电子舌、力学传感、超声传感、生物传感等技术，实现食品外表品质、物理品质、营养品质、安全品质、感官品质的快速、无损、实时监测。

8.4.2　食品安全溯源技术

追溯系统主要包含个体标识、信息采集及中心数据库 3 个基本要素。近年来

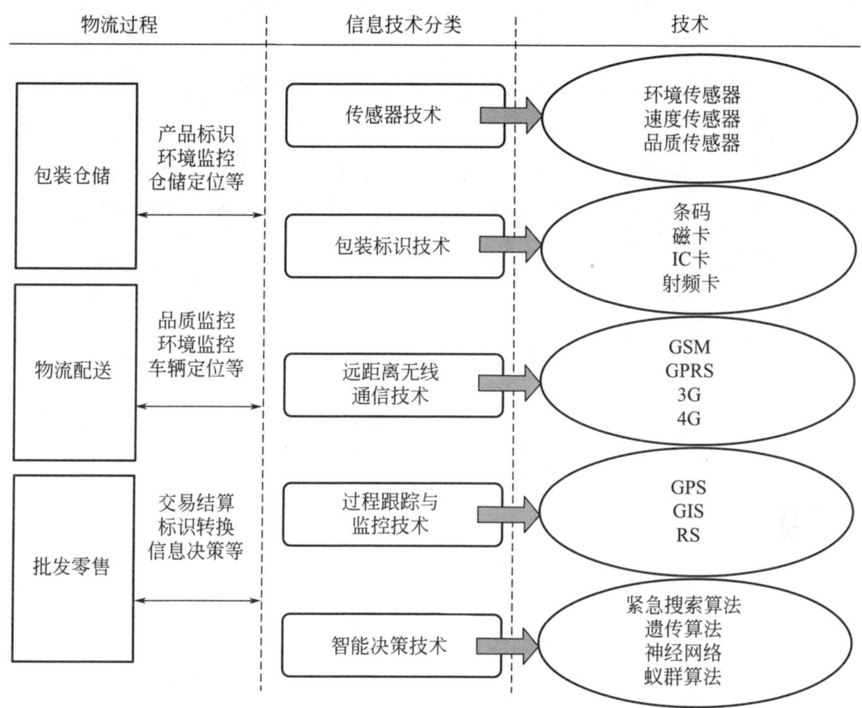

图 8-14　食品冷链物流过程信息技术体系结构图

随着自动识别技术、传感器技术、移动通信技术、智能决策技术等的不断发展，为追溯系统构建提供了有效的技术支撑。在个体标识方面，二维条码相比一维条码更具有存储信息密度高、容量大、纠错能力强、抗污损和畸变能力强、支持加密技术、编码范围广、条形码符号形状可变等特点。由于条码技术只能采用人工的方法进行近距离的读取，无法实时快速地获取大批量的信息，因此一种非接触式自动识别技术——RFID 技术在 20 世纪 90 年代兴起，并逐步应用于食品供应链。在信息采集方面，实时感知技术的发展可为环境信息、位置信息、品质信息的感知提供很好手段。在中心数据库方面，由于追溯数据来源于生产、加工、流通、销售等各环节，基于 XML 的数据交换技术以其高效、异构等特点成为数据交换的主要方式。

8.4.3　冷链大数据技术

在大数据时代，数据具有五个特征：量大、多样化、快速化、价值高和密度低。通过前端的信息感知与数据采集技术，冷链物流过程产生大量的数据，充分挖掘和分析这些海量数据，挖掘价值数据，提高冷链物流的“冷”与“快”两个核心，是冷链物流大数据战略的核心所在。数据挖掘是大数据处理的一个核心，通过对数据进行关联分析、聚类分析、分类、预测、时序模式和偏差分析等，建立冷链物流过程最有路径调度模型、产品货架期预测模型、库存优化模型、冷链物流效率评价模型等，构建智慧物流平台，为提高冷链效率服务。另一方面，近年来，计算流体力学（CFD）被广泛应用于温度场分布的研究中，冷链车厢、冷库等载体在不同空间位置，其温度存在着不均衡性，利用CFD技术进行冷链不同尺度的温度场分析，精确掌握冷链载体温度变化情况，可为均衡控温、维持品质提供重要依据。

第 9 章　结论与建议

9.1　结论

吉林省是我国粮食和肉类生产大省，在果蔬产品、水产品及特色农产品方面具有独特的资源和优势。但是冷链基础设施不足、冷链物流产业链不完善、冷链理念认知薄弱，一定程度上影响了吉林省果蔬产品、水产品、特色农产品的健康快速发展。加快发展冷链物流是带动农业和农产品加工业发展、提高农民收入的有力抓手，是积极推动吉林省经济发展的源动力，更是人民群众追求幸福生活的迫切需要。

9.1.1　吉林省冷链物流发展成就

1. 冷链物流发展政策环境良好

吉林省近年来出台了一系列有利于促进冷链物流发展的实施措施和指导意见，如《吉林省物流业发展“十三五”规划》（吉政办发〔2012〕26 号）、《吉林省物流园区发展规划》（吉发改经贸联〔2014〕1037 号）、《关于加强物流短板建设促进有效投资和居民消费的实施方案》、《加快发展冷链物流保障食品安全促进消费升级的实施意见》（吉政办发〔2018〕7 号）等，为吉林省冷链物流相关产业的发展创造了优良的政策环境，促进了冷链物流的发展。

2. 冷链物流基础建设得到一定发展

据本次吉林省冷链行业调研的不完全统计数据，吉林省冷库总体容量为 290 万立方米，冷藏车辆保有量 789 辆，冷链企业多数集中在长春市、吉林市、延边朝鲜族自治州、辽源市四个地区。拥有一批农产品物流中心、农产品批发中心、畜禽肉类加工储运企业、水产品物流园区、水产品加工企业等，部分冷链企业已经开始启动信息化管理（如长春市 91.66%的冷库启用了信息化管理系统），为吉林省食品和农产品冷链物流发展提供了设施和设备基础。

3. 涉氨制冷企业安全水平得到显著提升

随着国家对涉氨制冷企业安全监管要求的加强，吉林省安监部门积极响应，针对性开展工作，提升全省涉氨企业安全管理水平。特别是对涉氨冷链企业制冷设备老旧、安全生产意识淡薄、安全措施不到位等突出安全隐患进行全面监管、有效治理。组织开展专业的培训工作，使得涉氨制冷企业相关人员安全生产培训工作得到了加强，提升了相关人员的安全技术水平，安全管理工作成为一批优秀企业生产运营的重中之重。

4. 发展特色农产品/进口水产品加工和冷链储运

根据吉林省东部、中部和西部不同地域环境发展了不同特色农产品，形成了长白山人参、鹿茸、特色果品、林蛙、道地中药材，食用菌、杂粮杂豆、冷水鱼六大类特色农产品体系，农产品加工业逐步迈向产业集群化发展模式，已形成众多农产品加工示范基地，部分农产品开始建立冷链加工储运。农产品加工业已和汽车工业、石化工业并立，成为吉林省三大支柱产业。利用珲春市东北亚新门户的独特地理，发展进口水产品加工和贸易，形成了在国内有影响力的水产品加工贸易基地。

9.1.2 吉林省冷链物流存在的问题

自“十二五”以来，吉林省在冷链物流方面虽然有了一定的发展，但发展速度还不够快，水平还不够高，与全国其他省市相比还有一定差距。

1. 冷链物流设施相对不足

据相关行业统计资料显示，吉林省冷库拥有量在全国各省、市、区（除西藏和台湾）中排名靠后，冷链物流基础设施相对不足。吉林省冷库总体容量为 2901792m^3，合计 725448t，占全国 4700 万吨的 1.54%。多数农产品批发市场缺乏冷链设施，城市冷链集配中心、区域冷链物流中心、产后预冷设施等新型业态比较缺乏；冷链运输车辆拥有量较低，全国会员冷链企业的拥有冷藏车总数为 38643 辆，而其吉林省会员单位冷藏车仅为 215 辆，占全国的 0.56%。常温或自然形态为主传统农产品物流方式仍占主流，冷链断链环节多、断链情况比较普遍；部分冷链物流设施陈旧老化，难以满足现代冷链物流发展需求，需要更新升级。

2. 冷链物流产业链发展有待提高

当前吉林省果蔬类产品物流配送中仅约 10%的果蔬产品处于温度控制流通状态，其余大部分仍然处于常温流通状态，由于大部分果蔬产品在自然物流方式下流通，导致近 30% 的产品因腐烂变质被丢弃或作为垃圾处理掉。第三方冷链物流发展比较缓慢，大量冷链物流服务资源分散，资源整合与增值服务能力较弱；冷链物流企业主要提供冷藏等比较单一的服务，能够提供冷藏加工、运输、配送等全程服务的专业冷链企业少，专业冷链物流企业发育明显滞后；冷链物流企业规模较小，经营分散，实力较弱，服务标准不统一，市场竞争力不强；缺乏在国内外具有较强影响力和品牌优势的大型冷链物流企业，整合行业资源和带动行业发展的能力不强；生鲜易腐农产品产后预冷、低温环境下的分等分级、包装加工等商品化处理手段远未普及，先进的全程温度自动控制技术应用更是匮乏；

农产品生产与冷储、运输、批发、零售等环节的融合不够，未能形成完整的冷链产业链。

3. 配套服务不健全

冷链物流的服务网络和信息系统不健全，缺少第三方信息平台，供需信息不对称，冷链物流企业间资源共享程度低，冷链物流设施利用率不充分；规范冷链物流各环节行为的法律法规体系尚未建立健全和有效运行；冷链物流各环节的设施、设备、温度控制和操作规范等缺少统一标准，信息资源难以有效衔接，对于重大危险源企业（存氨量超过 10t）的制冷系统用压力容器，其压力、液位及温度做不到 24h 不间断监控，对冷链物流各环节的有效监督有待加强；冷链专业技术和管理人才及操作技工比较缺乏，近几年吉林省举办水产品加工行业会议、冷链行业会议等，为生产商、流通商、加工商，以及国内外同行提供了交流平台，但是交流频次较低。特别是在当前大数据时代背景下，收集信息较多、处理分析方法较少，未建立有效的互通机制，制约了经营管理和操作水平的提高；统计部门尚未建立冷链物流的统计分析制度，行业数据比较缺乏。

4. 冷链理念相对薄弱

农产品预冷的重要性没有得到充分重视，农业生产主要还是传统的粗放模式，冷链物流对农业的支撑和拉动作用有待进一步提升；生产者对保证农产品鲜度和质量的重要性认识不足，对冷链新技术、新设备的应用意识不强，偏重低成本的经营观念制约了冷链物流的投入和管理规范化、制度化；多数消费者延续传统的消费习惯，对温度变化影响食品品质和食品安全认识不足，以人参为例，仍然以传统的干燥人参销售为主，并且干燥方式多采用传统干燥方法，人参作为高附加值产品，为了保存其营养成分可以推广更先进的干燥方式，比如冰温真空干燥、冷冻干燥等；监管部门对冷链过程的监管和追溯缺乏有效手段，管理相对弱化。

9.2 发展建议

1. 加强冷链物流统筹规划，推动冷链物流加快发展

冷链物流不是独立行业，要根据农产品生产格局和发展规划，以及人口分布、消费水平、消费习惯等综合因素，结合现有冷链物流基础以及未来发展潜力，优化空间布局，以满足生产、流通发展和消费需求为目标，与农业、流通等相关产业发展现状及其发展规划相协调，以充分发挥其服务于产业发展和消费升级的作用，制定行业发展规划，要充分重视冷链物流的支撑和促进作用，使冷链物流与行业发展更好地有机结合，形成生产、仓储、运输、销售等各环节联系紧密、无缝衔接的产业链、供应链。

2. 针对不同需求，加强冷链物流基础设施建设，提升冷链物流总体水平

根据农产品生产的总体格局和发展规划，在市场竞争力强、辐射范围广的优势特色农产品产地，重点发展农产品产后预冷和分级、包装设施，提升农产品品质和附加值；在优势特色农产品集中产区重点发展冷库、气调库等仓储设施，重点解决“价低、卖难”问题，实现错峰均衡上市，提高农产品附加值；在主要物流节点和物流枢纽城市，重点发展区域性冷链物流集散中心、低温物流园区，增强农产品辐射能力；长春市作为省会城市，经济、交通等发展较好，适宜规划建设一个具有较大规模、冷链完整、节能环保、集信息化智能化为一体的高水平的农产品城市集配中心；在吉林市周边，针对农产品销售难、流通损耗大等问题，启动实施农产品仓储保鲜、冷链物流设施建设工程，规划建设一个服务于特色农产品优势区（粘玉米、油豆角）的产品加工、储存及配送中心，引导龙头企业带动发展农产品加工产业链，打造特色品牌，培育壮大龙头企业，建设农产品加工技术集成基地和精深加工示范基地，打造一批产业化联合体；四平市生猪养殖业比较发达，规划建设一个现代化的生猪屠宰及深加工项目，提高猪肉产品附加值，保护养殖户的积极性，同时在其他区域规划小规模分站，实现生猪集中屠宰，分区域补充的态势；珲春市近进出口口岸，海产品交易繁盛，适宜在该地区规划建设一个规模较大进口海产品加工、储存及配送中心，满足欧、日、美发达国家的标准及我国人民群众日益增长的对高端食品的需求；在主要城市和消费中心，重点建设销区冷链产品集配中心、中央厨房等现代冷链物流设施，提升农产品批发市场冷链设施水平，积极发展城市共同配送。

3. 补短板铸链条，建立和完善重点农产品冷链物流体系

一是加强肉类产品冷链物流体系。吉林省是肉类生产大省，畜禽养殖具有一定优势，但过去活体输出较多，不利于疫病防治；此外，珲春水产品进口也具有一定发展潜力。通过发展全程“无断链”的冷链物流体系建设，提升肉类产品和进口水产品的市场竞争力。二是推动优势特色果蔬产品和特色农产品的产地预冷、初级加工、保鲜储存、冷链运输一体化的冷链物流产业链、供应链建设，建立跨地区长途调运的冷链物流体系，促进反季节销售，提高优势特色果蔬产品在全国市场的占有率。

4. 加快冷链物流骨干龙头企业培育，引导和鼓励冷链物流企业发展壮大

引进和培育一批经济实力雄厚、经营理念和管理方式先进、核心竞争力强的大型冷链物流企业。鼓励优质特色生鲜农产品生产企业向下游发展，建立以生产企业为核心的冷链物流体系。政府可以出台政策，鼓励发展冷链物流企业，如车辆购置补贴、减免冷链物流车辆省内通行费用、减免冷链物流企业赋税等；加大招商引资力度，引入第三方专业冷链物流公司进驻。对于第三方专业冷链物流企业的进驻，可以给予相应的政策和资金支持，如降低企业用地成本、减免企业赋税、对于推动本省冷链物流发展贡献突出的企业给予返税奖励等，实现生产、流通、销售高效对接的一体化冷链物流供应链。鼓励冷链物流大型骨干企业通过参股控股、兼并联合、合资合作等方式，进行资产重组、业务融合和流程再造，整合冷链资源，壮大企业规模和实力。

5. 推动冷链物流信息化建设，构建公共服务平台，建设食品冷链物流监管中心

建立区域性各类生鲜农产品冷链物流公共信息平台，实现数据交换和信息共享，优化配置冷链物流资源，建立和完善冷链物流产品监控和追溯系统。鼓励企业进行市场信息、客户服务、库存控制和仓储管理、运输管理和交易管理等应用系统软件开发与应用，健全冷链物流作业的信息收集、处理和发布系统，全面提升冷链物流业务管理信息化水平。以政府为主导，结合外部资金技术，推广应用物联网、智能化等先进技术，建设一个全省的冷链物流中心。该中心基于网络平台，对全省有条件的冷链设备设施进行全面监管，实时获取温度、能耗等数据，对生产、加工、运输、销售等环节进行深度监管，保证食品冷链的真实可靠性。对于符合监管制度、满足监管要求的冷链物流相关企业，政府给予背书，颁布相关认可，提高其市场竞争力，让优质冷链企业更好的发展，带动全省的冷链物流进步。建立冷链物流信息报送和信息交换的责任机制，提高政府监管部门的冷链信息采集和处理能力，提高行业监管和质量保证水平。

6. 积极推进冷链物流标准化建设，强化冷链理念，开展冷链技术培训

积极采用和推广各类生鲜农产品原料处理、分选加工与包装、冷却冷冻、冷库储藏、冷藏运输、批发配送、分销零售等环节的保鲜技术标准和操作规范，对于肉类、水产品等密切关系居民消费安全的产品，执行国家强制性标准，建立以HACCP为基础的全程质量控制和产品追溯体系。围绕生鲜农产品质量全程监控和质量追溯制度，制定数据采集、数据交换、信息管理等信息类标准。严格执行冷链各环节有关设施设备、工程设计安装、操作运营标准，积极推行质量安全认证和市场准入制度。加大冷链物流标准的宣贯实施力度，开展物流标准化专项培训，提高企业经营管理水平。同时冷链理念需要全面强化，不单是食品生产者、销售者，消费者的冷链理念亦需要加强。对于生产销售方，政府可以出台相关政策，严格要求其产品的全程冷链度，同时可以结合当地协会组织和国内制冷行业组织，定期组织冷链技术知识讲座，强化食品冷链意识。对于消费者，可以借助媒体、市场引导其对食品冷链价值的认知，提升其对冷链食品的需求，进而实现对生产销售方的倒逼，使得冷链理念全面落实。

7. 加速冷链设备发展，推广应用冷链物流新技术、新能源、新模式

冷链设施的建设需要大量的制冷设备，但是吉林省目前尚缺少技术好、规模大的制冷设备制造企业，这一定程度上影响了本省制冷设备技术提升。建议引入国内知名制冷设备生产制造商到省内建厂，鼓励省内制冷设备生产企业在技术上的投入，推动制冷技术的进步。对于知名设备制造企业，可以给予政策支持，使其生产、销售具有优势资源，对于本地企业，可以通过支持科技创新形式进行财政补贴，通过政府项目支持，提升其产品影响力。重点推广高效预冷、速冻设备，自动分拣、清洗和加工包装设备，智能货架，冷链全程监控追溯系统，以及经济适用的农产品预冷设施、移动式冷却装置等先进冷链物流装备。大力发展多温层冷藏运输车、蓄冷保温箱、联运冷藏集装箱，促进绿色安全、节能环保技术在低温仓储及运输中的应用。推广应用无线射频识别、二维码、电子标签、卫星定位系统、电子化运单、温湿度记录系统、物联网等技术。支持电商冷链物流配送中心和配送站点建设，鼓励鲜活农产品经营企业积极利用电商平台，创新经营方式和商业模式，实现线上线下融合。

8. 提升涉氨冷链企业技术和管理水平，促进涉氨企业健康发展

建议结合供给侧改革，建立氨制冷系统安全分级认定机制；对于重大危险源企业（存氨量超过 10t）的制冷系统用压力容器，其压力、液位及温度做到现场和远程 24h 连续监控；制冷系统中主要设备如贮氨器等关键操作部位设置指导操作用标示牌；规范记录制冷系统重要设备如压缩机等运行参数；做好融霜、系统维修等相关作业记录；涉氨制冷企业安全专项治理的过程中，应综合实际应用、初投资、运行成本等因素，充分考虑安全环保需求，选用最适宜的制冷剂。应坚决避免“以氟利昂制冷剂代替氨制冷剂”的简单粗暴化操作，建设最适宜发展的制冷系统。

参考文献

［1］国家统计局. http：//data. stats. gov. cn/.

［2］吉林省发展改革委. 吉林省冷链物流企业调查表.

［3］吉林统计局，吉林省国民经济和社会发展统计公报（2001-2014 年）. 吉林日报，2015.

［4］侯晓华，张凤杰，潘澎湃. 吉林省农产品物流业发展概述［J］. 长春市委党校学报，2013，2：70-73.

［5］陈福玉，叶永铭. 吉林省农产品物流问题的研究［J］. 黑龙江科技信息，2009，33：110.

［6］张惠琳，吉林省果蔬物流发展能力与策略研究［D］. 长春：吉林大学，2014.

［7］董兵. 吉林省果蔬冷链物流发展现状分析［J］. 新经济，2016，33：46.

［8］鲁钰锋，温海涛，姚舜. 基于冷链物流下的我国果蔬流通模式再造探讨［J］. 中国市场，2011，32：22-23.

［9］崔媛，吉林地区果蔬产品物流配送中存在的问题及对策［J］. 中国农业资源与区划，2016，37（07）：220-223.

［10］王轶侠. 吉林省生鲜农产品冷链物流发展研究［D］. 长春：吉林农业大学，2014.

［11］国内贸易工程设计研究院. 冷库设计规范. GB 50072-2010［S］. 北京：中国计划出版社，2010.

［12］吉林省统计局. 吉林省国民经济和社会发展统计公报.（2012～2016 年）.

［13］吉林省统计局. 吉林省统计年鉴（2013～2017 年）.

［14］吉林省商务厅. 吉林省冷链物流研究数据表.

［15］张显良，我国渔业发展概述（2012～2017）［J］. 中国水产，2017（12）：7-8.

［16］吉林省渔业局. 吉林省“十二五”渔业发展基本情况. 水产养殖网，2016.

［17］隋文环，珲春市水产业对外贸易发展策略研究［J］：现代经济信息，2016（05）：483.

［18］继风. 国际合作示范区投资说明会暨东北亚水产经贸洽谈会在吉林省珲春举行［J］. 中国水产，2016（08）：11-12.

［19］吴琼，于欣波. 东北地区特色农业现状及发展趋势研究［J］. 建材与装饰，2018，528（19）：160-161.

［20］李勇，曹鸿鹏. 吉林省发展特色农业［J］. 农业与技术，2018，302（09）：154-155.

［21］李富英，熊卫卫. 提升吉林省特色农产品品牌竞争力的措施分析［J］. 商业经济，2010（20）：24-25＋34.

［22］李想. 立足梅花鹿产业 增加农民经济收益［J］. 畜牧水产，2019，（17）：71.

［23］吉林省人民政府办公厅. 吉林省人民政府办公厅关于进一步促进农产品加工业发展的实施意见［Z］，2017-9-30.

［24］吉林省人参产业条例，2015.

[25] 杨铮. 吉林省特色农业保险现状及发展分析 [J]. 吉林省经济管理干部学院学报，2015，29（1）：40-43.

[26] 吉林省农委园艺特产处. 今年我省继续大力实施振兴人参产业工程 [J]. 吉林农业，2014（6）.

[27] 郑翠翠，何迪，张文博. 吉林省特色农产品营销策略研究 [J]. 现代营销（下旬刊），2015（7）：54-55.

[28] 牟晓娜，陈秀娇. 吉林省通化市人参产业的发展现状及策略分析 [J]. 绿色科技，2017（23）：107-109.

[29] 2017 年人参产业分析报告以及该产业未来发展趋势 [EB/OL]. http：//m. chinabgao. com/k/rencan/26216. html.

[30] 王莹莹，长谷川英夫. 中国人参出口现状及前景展望 [J]. 南方农机，2017，48（20）：27-28.

[31] 牛泽刚. 延边州食（药）用菌产值实现 52 亿元 [EB/OL]. http：//jl. ifeng. com/a/20180119/6318873 _ 0. shtml.

[32] 高坤，孙印石，董昕瑜. 人参保鲜技术研究现状 [J]. 特产研究，2017，（4）：67-70.

[33] 史君彦，高丽朴，王清，等. 食用菌保鲜技术的研究进展 [J]. 食品工业，2017，6：278-282.

[34] 任浩，于官楚，孙炳新，等. 食用菌贮藏保鲜技术研究进展 [J]. 包装工程，2019，13.

[35] 谢玉花，宋洪波，刘升，等. 甜玉米冷链物流现状及其发展趋势 [J]. 食品与机械，2014，4：142-145.